김재우의
기본 동사
100

김재우의 기본 동사 100

초판 1쇄 인쇄 2025년 12월 3일
초판 1쇄 발행 2025년 12월 10일

지은이 김재우
펴낸이 고영성

기획 및 책임편집 박희라   편집 유아름
디자인 강지은
영문 감수 Nicholas Moore

펴낸곳 주식회사 상상스퀘어
출판등록 2021년 4월 29일 제2021-000079호
주소 경기도 성남시 분당구 성남대로43번길 10, 307호(구미동, 하나EZ타워)
팩스 02-6499-3031
이메일 publication@sangsangsquare.com
홈페이지 www.sangsangsquare.com

ISBN 979-11-94368-85-4   13740

- 이 책은 저작권법에 따라 보호를 받는 저작물이므로 무단 전재와 복제를 금지하며,
  이 책 내용의 전부 또는 일부를 사용하려면 반드시 저작권자와 상상스퀘어의 서면 동의를 받아야 합니다.
- 파손된 책은 구입하신 서점에서 교환해 드리며 책값은 뒤표지에 있습니다.

58개 핵심 동사로 완성하는 100일 영어회화

김재우의
기본 동사 100

김재우 지음

영어 말하기의 핵심은 동사

수많은 학습자가 입증한 김재우 선생님의 기본 동사 학습법

상상스퀘어

나 _____ 은(는) 김재우의 기본 동사 100을 통해 다음 목표를 이룰 것이다!

1.

2.

3.

프롤로그

우리 모두에게는 삶의 목표와 꿈이 있습니다. 그리고 이를 이루기 위한 과정에서 인생의 방향과 삶의 궤적이 만들어집니다. 저에게 그 꿈은 순수 국내파로서도 영어를 잘하는 사람이 되는 것이었습니다. 이러한 꿈이 저를 통역사의 길로 이끌었고, 나아가 제대로 된 교재와 강의를 만들겠다는 뜻을 품게 했습니다.

저는 '집념'이라는 단어를 참 좋아합니다. 제가 신에게 받은 선물이 하나 있다면 바로 '강한 집념'이라고 믿고 있습니다. 이러한 집념이 저를 여러분 앞에 서게 했고, 상상스퀘어와의 멋진 조우를 가능하게 했던 것 같습니다. serendipity라는 영어 단어가 있습니다. 우연히 찾아온 행운의 일과 사건, 의도해서 찾은 건 아니지만 나에게 행운으로 찾아온 무언가를 일컫는 말입니다. 번역하자면 '뜻밖의 행운' 또는 '우연히 찾아온 기쁨' 정도에 해당합니다. 내가 원하는 목표와 꿈을 이루기 위해서는 미래에 대한 정확한 그림과 이를 이루기 위한 불굴의 집념이 필요하다고 믿지만 '뜻밖의 행운'이라는 마지막 요소가 나를 스쳐 지나가 버리면 인생이라는 퍼즐은 미완성으로 끝나게 될 수도 있겠구나 하는 생각이 듭니다. 이런 점에서 제가 20년 넘게 준비해 온 저 나름의 집념의 결과물인 '김재우의 영어회화 시리즈'를 책과 인터넷 강의라는 매체로 수많은 독자와 학습자들에게 다가갈 수 있음에 감사드립니다.

본서인 《김재우의 기본 동사 100》은 '문장'을 구성함에 있어서 절대 빠질 수 없는 가장 중요한 요소인 '동사', 그중에서도 가장 핵심적이며 광범위하게 사용되는 '기본 동사'를 영미인들이 자주 구사하는 문장과 대화 속에서 익히는 학습서이며, '김재우의 영어회화 시리즈' 중 가장 중요한 콘텐츠를 담고 있는 책이라고 자신 있게 소개합니다.

기본 동사를 영어로는 core verbs, essential verbs 또는 versatile verbs라고 할 수 있습니다. 핵심이라는 의미에서는 core, 필수라는 의미에서는 essential, 팔방미인이라는 의미에서는 versatile이라고 할 수 있습니다. 기본 동사를 flexible(여기 갖다 붙여도, 저기 갖다 붙여도 두루두루 다 통용이 되는) 동사라고 할 수도 있습니다.

제가 오랜 세월 현장에서 영어 강의를 하면서 느낀 점을 말씀드리면 다음과 같습니다.

첫째, 두루두루 쓰이는 기본 동사를 활용하는 연습이 미비한 나머지 영어 문장을 만들 때 주어 다음에 위치하는 '동사'에서 머뭇거립니다. 이는 활용도가 높은 기본 동사보다는 뜻이 분명한 어려운 동사를 떠올리려 하는 데서 비롯된 부작용이라고 볼 수 있습니다.
둘째, 한국 학습자들은 영어 문장을 만들 때 원어민이 사용하는 '주어'와 다르게 표현하는 경우가 많아 알고 있는 기본 동사조차 사용하지 못합니다.
셋째, 말의 내용과 의도가 아니라 '단어 대 단어'로 번역하면서 '기본 동사'를 쓸 수 있는 기회를 번번이 놓칩니다.

이 세 가지 요인이 맞물리면서 '영어 말하기'가 잘 안되는 결과가 생겨난 것입니다. 각각에 해당하는 사례를 몇 가지 공유해 보겠습니다.

1 '커피를 안 마시면 두통이 생긴다.'라는 문장에 대해 원어민은 get 동사를 써서 I get a headache if I don't drink coffee.라고 표현하는 것을 볼 수 있습니다. 하지만 꽤 많은 한국 학습자가 get 대신 suffer from 등과 같은 표현으로 소통합니다.

2 '이 컵의 손잡이가 독특하다.'라고 할 때 원어민들은 This cup has a unique handle.이라고 하지만 다수의 한국 학습자는 The handle of this cup is unique.라는 문장으로 표현합니다. 이처럼 주어를 다르게 설정함으로써 have 동사를 사용하지 못하고, 원어민이 실제로 쓰는 자연스러운 표현과 차이가 생깁니다.

3 '저는 하체 운동은 꼭 합니다.'를 원어민들은 I never skip leg day.라고 표현합니다. 이와 달리 한국 학습자들은 I always do leg exercise.와 같이 표현하는 것을 볼 수 있으며, 이로 인해 범용성이 뛰어난 skip이라는 동사를 쓸 기회를 놓치게 됩니다.

get, have, try, finish, take 등과 같은 동사는 하루를 기준으로도 적게는 4~5번, 많게는 수십 번을 쓰게 됩니다. 이에 반해 depart(출발하다),

commence(시작하다) 등과 같은 어려운 동사들은 1년을 생활해도 두세 번 쓸까 말까 한 동사입니다. 그렇다면 '영어 말하기'를 잘하려면 어떤 동사에 집중해야 하는지는 명확해집니다. 기본 동사를 여기저기 막 갖다 붙여서 문장을 만드는 습관을 기르지 않으면 영어 말하기는 아무리 공부해도 여전히 불편하고 어려운 존재로 남을 것입니다. 이런 점에서 《김재우의 기본 동사 100》은 기초 학습자들은 말할 것도 없고, '내가 구사하는 영어가 뭔가 원어민의 그것과 다르다'라는 느낌을 지우지 못하는 중고급 학습자들의 영어에도 날개를 달아 줄 것입니다.

'김재우의 영어회화 시리즈'가 완성될 수 있도록 같은 방향을 보며 물심양면 응원해 주시는 상상스퀘어 고영성 대표님에게는 무한한 감사의 말씀을 드립니다. '김재우'라는 영어 강사이자 작가에게 '명장'이라는 칭호를 달아 주신 신영준 박사님이 계시기에 더 정진할 수 있었습니다. 벌써 저의 다섯 번째 책을 편집해 주신 박희라 편집자님에게도 감사드립니다. 보이지 않는 곳에서 늘 애써 주시는 스터디언 클래스팀에게도 고맙습니다. 이번 책에 대한 영문 감수를 맡아 주신

제가 아는 최고의 원어민 선생님인 니콜라스 무어 선생님에게도 감사 인사를 전합니다.

저는 앞으로도 상상스퀘어와 같은 방향을 보면서 완성도 높은 책 집필과 더불어, 실질적인 도움이 될 수 있는 온라인 강의를 만들 수 있도록 저의 집념을 불태울 생각입니다. 여러분들의 입에서 "영어가 느는 재미를 느낀다!" 그리고 "이제야 영어 잘하는 길을 찾았다!"라는 말이 절로 나올 수 있도록 최선을 다할 것을 약속합니다.

김재우

이 책의 구성과 특징

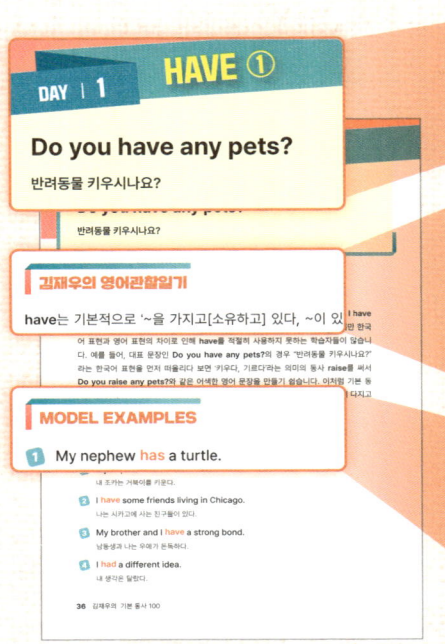

DAY별 기본 동사와 대표 표현
각 DAY에서 학습할 기본 동사와 대표 표현을 확인할 수 있습니다.

김재우의 영어관찰일기
김재우 선생님이 짚어 주는 핵심 포인트를 통해 기본 동사의 실제 용례를 알 수 있습니다.

MODEL EXAMPLES
기본 동사를 실제 문장에 적용하며 자연스럽게 익힐 수 있습니다.

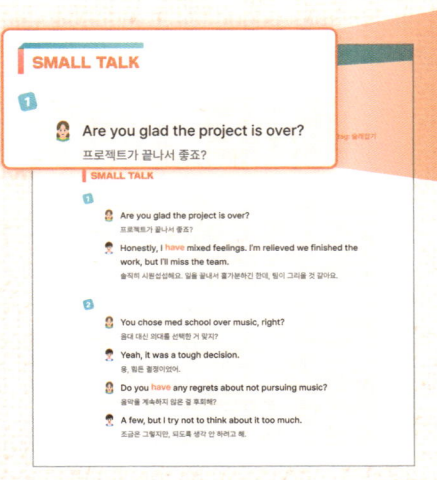

SMALL TALK
실생활에서 겪을 수 있는 상황을 바탕으로 한 대화문을 통해 원어민스러운 영어를 터득할 수 있습니다.

FURTHER STUDIES

각 DAY에서 다룬 중요 표현을 확장해 심화 학습함으로써 실력을 더욱 향상시킬 수 있습니다.

음원 서비스

오디오 음원을 들으며 본문의 예문과 대화문을 반복하여 연습할 수 있습니다.

음원 종류

1 **영어 1회** 원어민의 음성으로 영어 문장과 대화문을 들을 수 있습니다.
2 **한국어 - 영어 1회** 한국어 해석을 먼저 듣고, 영어 표현을 1회 들을 수 있습니다.
3 **한국어 - 영어 5회 반복** 한국어 해석을 먼저 듣고, 영어 표현을 5회 반복해서 들을 수 있습니다.

〈영어독립〉 유튜브

MP3 파일

이 책의 활용법 self-test

📝 다음 한글 문장을 보고 빈칸에 알맞은 말을 써 보세요.

1 달리기를 하면 기분 전환이 된다.

Running usually _____ me feel better.

2 원하시면 차 한 잔 타 드릴게요.

I can _____ you tea, if you'd like.

3 민호야, 운동 즐겨 하니?

Do you _____ to exercise, Minho?

4 여름에는 관광객들이 이곳을 많이 찾아요.

We _____ a lot of tourists in the summer.

5 가끔씩 사람들은 산뜻한 시작을 바라는 마음에서 머리를 자른다.

Sometimes people _____ a haircut because they _____ a fresh beginning.

6 죄송하지만 저희는 예약을 하지 않은 손님은 받지 않습니다.

Sorry, we don't _____ walk-ins.

7 수술이 잘 됐다고 들었어요.

I heard the surgery _____ well.

8 음식물 쓰레기는 이 노란 봉투에 넣으면 돼요.

Food trash ▭ in this yellow bag.

9 난 책상 안에 늘 간식을 넣어 둔다.

I always ▭ some snacks in my desk.

10 마트에 내가 같이 가 줄까?

Do you want me to ▭ with you to the grocery store?

모범 답안을 확인해 보세요.

> **1** Running usually *makes* me feel better.
> **2** I can *make* you tea, if you'd like.
> **3** Do you *like* to exercise, Minho?
> **4** We *get* a lot of tourists in the summer.
> **5** Sometimes people *get* a haircut because they *want* a fresh beginning.
> **6** Sorry, we don't *take* walk-ins.
> **7** I heard the surgery *went* well.
> **8** Food trash *goes* in this yellow bag.
> **9** I always *keep* some snacks in my desk.
> **10** Do you want me to *come* with you to the grocery store?

위의 10개 문장 중 다섯 개 이상의 문장에서 해당 동사를 떠올리지 못했다면, 《김재우의 기본 동사 100》을 통해 영어 실력의 변화를 분명히 경험하실 수 있습니다.

이 책의 활용법 section별 학습법

1

김재우의 영어관찰일기

'김재우의 영어관찰일기'에는 김재우 선생님의 오랜 영어 교육 경험에서 얻은 통찰이 담겨 있습니다. 해당 DAY에서 다루는 기본 동사의 의미와 쓰임을 살펴보고 숙지하는 시간을 갖습니다. 보다 깊이 있는 학습을 원한다면 인터넷 강의를 통해 추가 설명을 접한 후, MODEL EXAMPLES로 넘어가길 추천해 드립니다. 이렇게 학습하면 동사의 의미와 활용이 훨씬 밀도 있게 다가올 것입니다.

2

MODEL EXAMPLES

해당 DAY의 기본 동사를 활용해 일상에서 자연스럽게 쓸 수 있는 단문을 연습합니다. 먼저 한글 문장을 보고 직접 영어로 말하거나 써 본 뒤, 모범 답안과 비교해 보실 것을 권장합니다. 모든 예문은 '툭 치면 입에서 바로 나올 정도로' 막힘없이 말할 수 있을 때까지 암기하는 것이 중요합니다. 인터넷 강의를 수강하시는 분들은 해당 문장의 문법과 어법 설명을 숙지하시는 것은 물론이고, 추가 예문까지 전부 암기해 주셔야 합니다.

SMALL TALK

각 DAY에는 두 종류의 대화문이 있습니다. SMALL TALK 1은 간단한 대화문, SMALL TALK 2는 SMALL TALK 1보다 긴 대화문입니다. MODEL EXAMPLES와 마찬가지로 가능하다면 한글을 보고 직접 영작한 후에 모범 답안과 비교하는 방식의 학습을 추천합니다. 본서의 모든 SMALL TALK 대화문을 완전히 소화한다는 마음가짐으로 암기하는 것이 효과적입니다. 인터넷 강의를 병행하는 경우, 대화문 속에서 제시되는 어휘와 표현, 문법 설명, 추가 예문까지 꼼꼼히 정리하고 암기해 두시면 실력이 한층 단단해집니다.

FURTHER STUDIES

마지막 단계는 실력을 한 단계 더 끌어올리는 심화 학습 구간입니다. 해당 DAY의 단문과 대화문에서 뽑아낸 어휘와 핵심 표현을 체계적으로 확장해 나가면서, 실제 회화에서 활용할 수 있는 폭을 넓힐 수 있습니다. 초급 학습자들은 추가 표현과 어법을 익히고 응용 문장을 습득하는 정도로 학습하고, 중급 이상의 학습자들은 예문까지 외우는 것을 추천합니다.

이 책의 활용법 인터넷 강의

인터넷 강의에서는 김재우 선생님이 책에 있는 내용을 자세히 설명해 줄 뿐만 아니라 추가 설명과 더 많은 예문을 통해 100일이라는 기간 동안 학습 효과를 극대화할 수 있도록 해 줍니다.

인터넷 강의는 어떤 분이 들으면 좋을까요?

1. 집에 영어책은 많지만 끝까지 완독한 책은 거의 없는 분
2. 책의 설명만으로는 부족해 더 체계적이고 깊이 있는 설명을 원하시는 분
3. 혼자서는 학습이 쉽지 않아 외부의 자극과 동기 부여가 필요하신 분

인터넷 강의는 어떤 점이 다르며, 어떤 내용으로 꾸며지나요?

1. 김재우 선생님이 DAY 1부터 DAY 100까지 책에 나온 모든 표현과 대화문에 대해 상세히 설명해 주십니다.
2. 책에 전부 담을 수 없었던 생생한 상황 묘사를 통해 살아있는 영어 표현을 익힐 수 있습니다.
3. 기초 학습자들을 위한 학습 포인트들을 짚어 줍니다.
4. 중급 학습자들은 실력이 한 단계 더 올라가는 재미를 느끼게 해 줍니다.
5. 궁금한 질문에 대한 답변 등은 물론이고 동기 부여를 할 수 있는 '단톡방'을 통해 DAY 1에서 DAY 100까지 완주할 수 있도록 도와줍니다.

이런 분들은 '인터넷 강의'를 통해 훨씬 더 빠르게 실력이 늘 수 있습니다.

1. 영어 공부에 대한 분명한 목표와 동기가 있으신 분
2. 영어가 앞으로의 삶과 일에 도움이 될 것이라 기대하시는 분
3. 김재우 선생님의 학습법을 믿고 성실히 따라가실 분
4. 조급해하지 않고 정체기를 이겨 낼 끈기가 있으신 분
5. 영어 학습에 충분한 시간과 꾸준한 노력을 들일 의지가 있으신 분

《김재우의 기본 동사 100》 인터넷 강의를 들을 수 있는 〈스터디언 클래스〉

인터넷 강의를 수강하시는 분들은 강의를 통해 책 내용의 거의 4배 이상에 달하는 추가 어휘·문법·응용 연습을 통해 영어를 자유롭게 구사할 수 있는 탄탄한 실력 기반을 마련할 수 있습니다.

🔍 스터디언 클래스   www.studianclass.com

학습 플래너

※ 학습 완료 후 ✓ 체크 표시를 하세요.

DAY 1
- ○ MODEL EXAMPLES
- ○ SMALL TALK
- ○ FURTHER STUDIES

DAY 2
- ○ MODEL EXAMPLES
- ○ SMALL TALK
- ○ FURTHER STUDIES

DAY 3
- ○ MODEL EXAMPLES
- ○ SMALL TALK
- ○ FURTHER STUDIES

DAY 4
- ○ MODEL EXAMPLES
- ○ SMALL TALK
- ○ FURTHER STUDIES

DAY 5
- ○ MODEL EXAMPLES
- ○ SMALL TALK
- ○ FURTHER STUDIES

DAY 6
- ○ MODEL EXAMPLES
- ○ SMALL TALK
- ○ FURTHER STUDIES

DAY 7
- ○ MODEL EXAMPLES
- ○ SMALL TALK
- ○ FURTHER STUDIES

DAY 8
- ○ MODEL EXAMPLES
- ○ SMALL TALK
- ○ FURTHER STUDIES

DAY 9
- ○ MODEL EXAMPLES
- ○ SMALL TALK
- ○ FURTHER STUDIES

DAY 10
- ○ MODEL EXAMPLES
- ○ SMALL TALK
- ○ FURTHER STUDIES

DAY 11
- ○ MODEL EXAMPLES
- ○ SMALL TALK
- ○ FURTHER STUDIES

DAY 12
- ○ MODEL EXAMPLES
- ○ SMALL TALK
- ○ FURTHER STUDIES

DAY 13
- ○ MODEL EXAMPLES
- ○ SMALL TALK
- ○ FURTHER STUDIES

DAY 14
- ○ MODEL EXAMPLES
- ○ SMALL TALK
- ○ FURTHER STUDIES

DAY 15
- ○ MODEL EXAMPLES
- ○ SMALL TALK
- ○ FURTHER STUDIES

DAY 16
- ○ MODEL EXAMPLES
- ○ SMALL TALK
- ○ FURTHER STUDIES

DAY 17
- ○ MODEL EXAMPLES
- ○ SMALL TALK
- ○ FURTHER STUDIES

DAY 18
- ○ MODEL EXAMPLES
- ○ SMALL TALK
- ○ FURTHER STUDIES

DAY 19
- ○ MODEL EXAMPLES
- ○ SMALL TALK
- ○ FURTHER STUDIES

DAY 20
- ○ MODEL EXAMPLES
- ○ SMALL TALK
- ○ FURTHER STUDIES

DAY 21
- ○ MODEL EXAMPLES
- ○ SMALL TALK
- ○ FURTHER STUDIES

DAY 22
- ○ MODEL EXAMPLES
- ○ SMALL TALK
- ○ FURTHER STUDIES

DAY 23
- ○ MODEL EXAMPLES
- ○ SMALL TALK
- ○ FURTHER STUDIES

DAY 24
- ○ MODEL EXAMPLES
- ○ SMALL TALK
- ○ FURTHER STUDIES

DAY 25
- ○ MODEL EXAMPLES
- ○ SMALL TALK
- ○ FURTHER STUDIES

DAY 26	DAY 27	DAY 28	DAY 29	DAY 30
○ MODEL EXAMPLES ○ SMALL TALK ○ FURTHER STUDIES	○ MODEL EXAMPLES ○ SMALL TALK ○ FURTHER STUDIES	○ MODEL EXAMPLES ○ SMALL TALK ○ FURTHER STUDIES	○ MODEL EXAMPLES ○ SMALL TALK ○ FURTHER STUDIES	○ MODEL EXAMPLES ○ SMALL TALK ○ FURTHER STUDIES

DAY 31	DAY 32	DAY 33	DAY 34	DAY 35
○ MODEL EXAMPLES ○ SMALL TALK ○ FURTHER STUDIES	○ MODEL EXAMPLES ○ SMALL TALK ○ FURTHER STUDIES	○ MODEL EXAMPLES ○ SMALL TALK ○ FURTHER STUDIES	○ MODEL EXAMPLES ○ SMALL TALK ○ FURTHER STUDIES	○ MODEL EXAMPLES ○ SMALL TALK ○ FURTHER STUDIES

DAY 36	DAY 37	DAY 38	DAY 39	DAY 40
○ MODEL EXAMPLES ○ SMALL TALK ○ FURTHER STUDIES	○ MODEL EXAMPLES ○ SMALL TALK ○ FURTHER STUDIES	○ MODEL EXAMPLES ○ SMALL TALK ○ FURTHER STUDIES	○ MODEL EXAMPLES ○ SMALL TALK ○ FURTHER STUDIES	○ MODEL EXAMPLES ○ SMALL TALK ○ FURTHER STUDIES

DAY 41	DAY 42	DAY 43	DAY 44	DAY 45
○ MODEL EXAMPLES ○ SMALL TALK ○ FURTHER STUDIES	○ MODEL EXAMPLES ○ SMALL TALK ○ FURTHER STUDIES	○ MODEL EXAMPLES ○ SMALL TALK ○ FURTHER STUDIES	○ MODEL EXAMPLES ○ SMALL TALK ○ FURTHER STUDIES	○ MODEL EXAMPLES ○ SMALL TALK ○ FURTHER STUDIES

DAY 46	DAY 47	DAY 48	DAY 49	DAY 50
○ MODEL EXAMPLES ○ SMALL TALK ○ FURTHER STUDIES	○ MODEL EXAMPLES ○ SMALL TALK ○ FURTHER STUDIES	○ MODEL EXAMPLES ○ SMALL TALK ○ FURTHER STUDIES	○ MODEL EXAMPLES ○ SMALL TALK ○ FURTHER STUDIES	○ MODEL EXAMPLES ○ SMALL TALK ○ FURTHER STUDIES

학습 플래너

DAY 51
- MODEL EXAMPLES
- SMALL TALK
- FURTHER STUDIES

DAY 52
- MODEL EXAMPLES
- SMALL TALK
- FURTHER STUDIES

DAY 53
- MODEL EXAMPLES
- SMALL TALK
- FURTHER STUDIES

DAY 54
- MODEL EXAMPLES
- SMALL TALK
- FURTHER STUDIES

DAY 55
- MODEL EXAMPLES
- SMALL TALK
- FURTHER STUDIES

DAY 56
- MODEL EXAMPLES
- SMALL TALK
- FURTHER STUDIES

DAY 57
- MODEL EXAMPLES
- SMALL TALK
- FURTHER STUDIES

DAY 58
- MODEL EXAMPLES
- SMALL TALK
- FURTHER STUDIES

DAY 59
- MODEL EXAMPLES
- SMALL TALK
- FURTHER STUDIES

DAY 60
- MODEL EXAMPLES
- SMALL TALK
- FURTHER STUDIES

DAY 61
- MODEL EXAMPLES
- SMALL TALK
- FURTHER STUDIES

DAY 62
- MODEL EXAMPLES
- SMALL TALK
- FURTHER STUDIES

DAY 63
- MODEL EXAMPLES
- SMALL TALK
- FURTHER STUDIES

DAY 64
- MODEL EXAMPLES
- SMALL TALK
- FURTHER STUDIES

DAY 65
- MODEL EXAMPLES
- SMALL TALK
- FURTHER STUDIES

DAY 66
- MODEL EXAMPLES
- SMALL TALK
- FURTHER STUDIES

DAY 67
- MODEL EXAMPLES
- SMALL TALK
- FURTHER STUDIES

DAY 68
- MODEL EXAMPLES
- SMALL TALK
- FURTHER STUDIES

DAY 69
- MODEL EXAMPLES
- SMALL TALK
- FURTHER STUDIES

DAY 70
- MODEL EXAMPLES
- SMALL TALK
- FURTHER STUDIES

DAY 71
- MODEL EXAMPLES
- SMALL TALK
- FURTHER STUDIES

DAY 72
- MODEL EXAMPLES
- SMALL TALK
- FURTHER STUDIES

DAY 73
- MODEL EXAMPLES
- SMALL TALK
- FURTHER STUDIES

DAY 74
- MODEL EXAMPLES
- SMALL TALK
- FURTHER STUDIES

DAY 75
- MODEL EXAMPLES
- SMALL TALK
- FURTHER STUDIES

DAY 76
- MODEL EXAMPLES
- SMALL TALK
- FURTHER STUDIES

DAY 77
- MODEL EXAMPLES
- SMALL TALK
- FURTHER STUDIES

DAY 78
- MODEL EXAMPLES
- SMALL TALK
- FURTHER STUDIES

DAY 79
- MODEL EXAMPLES
- SMALL TALK
- FURTHER STUDIES

DAY 80
- MODEL EXAMPLES
- SMALL TALK
- FURTHER STUDIES

DAY 81
- MODEL EXAMPLES
- SMALL TALK
- FURTHER STUDIES

DAY 82
- MODEL EXAMPLES
- SMALL TALK
- FURTHER STUDIES

DAY 83
- MODEL EXAMPLES
- SMALL TALK
- FURTHER STUDIES

DAY 84
- MODEL EXAMPLES
- SMALL TALK
- FURTHER STUDIES

DAY 85
- MODEL EXAMPLES
- SMALL TALK
- FURTHER STUDIES

DAY 86
- MODEL EXAMPLES
- SMALL TALK
- FURTHER STUDIES

DAY 87
- MODEL EXAMPLES
- SMALL TALK
- FURTHER STUDIES

DAY 88
- MODEL EXAMPLES
- SMALL TALK
- FURTHER STUDIES

DAY 89
- MODEL EXAMPLES
- SMALL TALK
- FURTHER STUDIES

DAY 90
- MODEL EXAMPLES
- SMALL TALK
- FURTHER STUDIES

DAY 91
- MODEL EXAMPLES
- SMALL TALK
- FURTHER STUDIES

DAY 92
- MODEL EXAMPLES
- SMALL TALK
- FURTHER STUDIES

DAY 93
- MODEL EXAMPLES
- SMALL TALK
- FURTHER STUDIES

DAY 94
- MODEL EXAMPLES
- SMALL TALK
- FURTHER STUDIES

DAY 95
- MODEL EXAMPLES
- SMALL TALK
- FURTHER STUDIES

DAY 96
- MODEL EXAMPLES
- SMALL TALK
- FURTHER STUDIES

DAY 97
- MODEL EXAMPLES
- SMALL TALK
- FURTHER STUDIES

DAY 98
- MODEL EXAMPLES
- SMALL TALK
- FURTHER STUDIES

DAY 99
- MODEL EXAMPLES
- SMALL TALK
- FURTHER STUDIES

DAY 100
- MODEL EXAMPLES
- SMALL TALK
- FURTHER STUDIES

목차

프롤로그 6
이 책의 구성과 특징 12
이 책의 활용법 14
학습 플래너 20

CHAPTER 1 가장 자주 쓰이는 핵심 동사

DAY | 1 **HAVE ①** 36
Do you have any pets?

DAY | 2 **HAVE ②** 39
I just had a snack, so I'm not that hungry.

DAY | 3 **HAVE ③** 42
I had a weird morning yesterday.

DAY | 4 **HAVE ④** 45
Samsung is having a new-product launch today.

DAY | 5 **HAVE ⑤** 48
I have some chores to do in the afternoon.

DAY | 6 **HAVE ⑥** 51
The Gion district in Kyoto has a charming vibe.

DAY | 7 **HAVE ⑦** 54
Thank you for having us over for dinner.

DAY | 8 **HAVE ⑧** 57
You could have Daniel give you a ride.

DAY | 9 **GET ①** 60
My boyfriend got a ticket to the concert.

| DAY | 10 | **GET** ② | 63 |

You have to book way in advance to get a table there.

| DAY | 11 | **GET** ③ | 66 |

Let's get a drink after work.

| DAY | 12 | **GET** ④ | 69 |

Can I get a large Americano?

| DAY | 13 | **GET** ⑤ | 72 |

We just got back last night.

| DAY | 14 | **GET** ⑥ | 75 |

I don't get why she's so upset.

| DAY | 15 | **GET** ⑦ | 78 |

I feel like my English is getting rusty.

| DAY | 16 | **GET** ⑧ | 81 |

I get a headache if I don't drink coffee.

| DAY | 17 | **GET** ⑨ | 84 |

I need to get these groceries home.

| DAY | 18 | **GET** ⑩ | 87 |

This area doesn't get much sunshine.

| DAY | 19 | **GET** ⑪ | 90 |

We got you a spot next to us.

| DAY | 20 | **GET** ⑫ | 93 |

I got my hair dyed yesterday.

DAY | 21	**GET ⑬** How can I get my kids to eat vegetables?	96
DAY | 22	**MAKE ①** I can make you steamed galbi, if you want.	99
DAY | 23	**MAKE ②** Having children has made me a better husband.	102
DAY | 24	**MAKE ③** I made myself go to the gym today.	105
DAY | 25	**MAKE ④** Sitting in traffic makes me feel anxious.	108
DAY | 26	**MAKE ⑤** They made it to the finals.	111
DAY | 27	**MAKE ⑥** Those two would make a great couple.	114
DAY | 28	**TAKE ①** If we can't finish, we can take the leftovers home.	117
DAY | 29	**TAKE ②** That kindergarten doesn't take kids under five.	120
DAY | 30	**TAKE ③** Kevin doesn't take advice from anyone.	123
DAY | 31	**TAKE ④** It takes a lot to make me angry.	126

| DAY | 32 | **TAKE** ⑤ | 129 |

It took me months to finish reading that book.

| DAY | 33 | **TAKE** ⑥ | 132 |

She didn't take it well.

| DAY | 34 | **DO** | 135 |

I do a lot of admin work at my job.

CHAPTER 2 기초를 탄탄히 다지는 필수 동사

| DAY | 35 | **LIKE** | 140 |

I don't like to play golf, but I have to for my job.

| DAY | 36 | **SEE** | 143 |

I haven't seen you for a while.

| DAY | 37 | **KNOW** | 146 |

I know the owner.

| DAY | 38 | **WORK** ① | 149 |

This diet really worked for me.

| DAY | 39 | **WORK** ② | 152 |

Dating doesn't work that way anymore. Times have changed.

| DAY | 40 | **GO** ① | 155 |

I'm glad to hear your trip went well.

| DAY | 41 | **GO** ② | 158 |

The screen went dark for some reason.

| DAY | 42 | **GO** ③ | 161 |

Food trash goes in this yellow bag.

| DAY | 43 | **WANT** | 164 |

Do you want a ride to the station?

| DAY | 44 | **SAY** | 167 |

The website says the item is out of stock.

| DAY | 45 | **LET** ① | 170 |

Let me walk you out.

| DAY | 46 | **LET** ② | 173 |

Could you let me finish my sentence, please?

| DAY | 47 | **LET** ③ | 176 |

I can't let nasty comments discourage me.

| DAY | 48 | **GIVE** ① | 179 |

This song gives me chills.

| DAY | 49 | **GIVE** ② | 182 |

Let me give you a quick update on the project.

| DAY | 50 | **KEEP** ① | 185 |

You can keep the omelet pan.

| DAY | 51 | **KEEP** ② | 188 |

This website keeps giving me an error message.

| DAY | 52 | **KEEP** ③ | 191 |

Wow, how do you keep your bathroom so clean?

| DAY | 53 | **LEAVE** ① | 194 |

I'm leaving on the first flight out tomorrow.

| DAY | 54 | **LEAVE** ② | 197 |

I left you some pizza over there if you're hungry.

| DAY | 55 | **LEAVE** ③ | 200 |

Do you want me to leave the door open?

| DAY | 56 | **BRING** | 203 |

Do you mind if I bring Nick with me?

CHAPTER 3 대화와 글쓰기에 자주 쓰이는 빈출 동사

| DAY | 57 | **HEAD** | 208 |

I'm heading down to Busan this weekend.

| DAY | 58 | **COME** | 211 |

Are you coming with us to the party?

| DAY | 59 | **PUT** ① | 214 |

They put me on the waiting list.

| DAY | 60 | **PUT** ② | 217 |

Nasty comments always put me in a bad mood.

| DAY | 61 | **FEEL** | 220 |

This suit feels expensive.

| DAY | 62 | **TURN** | 223 |

I can't believe you've already turned 30.

DAY	63	**MOVE**	226
		Is it OK if I move the fan away from me?	
DAY	64	**RUN**	229
		The gift shop is run by nuns.	
DAY	65	**TRY**	232
		I've never tried acupuncture before.	
DAY	66	**STAND**	235
		It's so hot I can't stand it.	
DAY	67	**BREAK**	238
		The handle on my favorite cup broke.	
DAY	68	**HURT**	241
		My tooth hurts when I drink cold water.	
DAY	69	**NOTICE**	244
		I noticed you never eat anything at lunch.	
DAY	70	**EXPECT**	247
		I expect an answer by tomorrow.	
DAY	71	**LOSE**	250
		I just can't believe we lost.	
DAY	72	**CATCH**	253
		I have to catch the bus at 7 a.m.	

CHAPTER 4 다양한 상황에서 활용할 수 있는 실용 동사

DAY | 73 — **COST** — 258
It costs too much.

DAY | 74 — **OFFER** — 261
Twenty thousand won is the most I can offer.

DAY | 75 — **REQUIRE** — 264
Losing weight requires discipline.

DAY | 76 — **GAIN** — 267
I gained a lot of confidence at the English speaking workshop last week.

DAY | 77 — **MENTION** — 270
Didn't you mention that you have friends in Osaka?

DAY | 78 — **HANDLE** — 273
I can't handle people like her.

DAY | 79 — **SELL** — 276
Iced coffee sells year-round.

DAY | 80 — **SUIT** — 279
Bow ties don't suit me.

DAY | 81 — **MISS** — 282
I'm very sorry for missing our meetup yesterday.

DAY | 82 — **FINISH ①** — 285
The game finished 4-3 in extra innings.

| DAY | 83 | **FINISH** ② | 288 |

I can't finish this cake—it's too sweet.

| DAY | 84 | **BELONG** | 291 |

These mugs belong in this cupboard.

| DAY | 85 | **AFFORD** | 294 |

I wish I could afford to buy a place around here.

| DAY | 86 | **GRAB** | 297 |

Please grab a seat and we'll get started.

| DAY | 87 | **FIX** | 300 |

I'm not sure if we can fix our marriage.

| DAY | 88 | **DESERVE** | 303 |

I think they got what they deserve.

CHAPTER 5 실생활에서 유용하게 쓰이는 표현 동사

| DAY | 89 | **MIND** | 308 |

I wouldn't mind staying at this hotel.

| DAY | 90 | **BOOK** | 311 |

I booked us a room at The Shilla Seoul for our anniversary.

| DAY | 91 | **SEEM** | 314 |

You always seem busy with something.

| DAY | 92 | **BOTHER** ① | 317 |

It really bothers me when my laptop is slow.

DAY | 93 — **BOTHER** ② — 320
He never bothers texting back.

DAY | 94 — **SPARE** — 323
Can you spare a moment to help me with something?

DAY | 95 — **RUIN** — 326
Don't eat candy before dinner! You'll ruin your appetite!

DAY | 96 — **OWE** — 329
I don't owe the bank anything.

DAY | 97 — **QUIT** — 332
I quit caffeine for a week.

DAY | 98 — **ARRANGE** — 335
I'll arrange for someone to pick you up.

DAY | 99 — **SKIP** — 338
I never skip leg day.

DAY | 100 — **SPOIL** — 341
Don't spoil the movie! I haven't seen it yet.

CHAPTER 1

가장 자주 쓰이는 핵심 동사

일상 회화에서 가장 자주 사용되며, 다양한 의미로 활용되는 동사

HAVE

·

GET

·

MAKE

·

TAKE

·

DO

DAY 1 — HAVE ①

Do you have any pets?
반려동물 키우시나요?

김재우의 영어관찰일기

have는 기본적으로 '~을 가지고[소유하고] 있다, ~이 있다'라는 의미를 지닙니다. **I have two sisters.**(나는 여동생 두 명이 있다.)와 같은 문장이 대표적인 예입니다. 하지만 한국어 표현과 영어 표현의 차이로 인해 **have**를 적절히 사용하지 못하는 학습자들이 많습니다. 예를 들어, 대표 문장인 **Do you have any pets?**의 경우 "반려동물 키우시나요?"라는 한국어 표현을 먼저 떠올리다 보면 '키우다, 기르다'라는 의미의 동사 **raise**를 써서 **Do you raise any pets?**와 같은 어색한 영어 문장을 만들기 쉽습니다. 이처럼 기본 동사의 쓰임을 정확히 익히고, 언어 간 표현의 차이를 이해하는 것이 기초를 탄탄하게 다지고 실력을 키우는 핵심입니다.

MODEL EXAMPLES

1. My nephew **has** a turtle.
   내 조카는 거북이를 키운다.

2. I **have** some friends living in Chicago.
   나는 시카고에 사는 친구들이 있다.

3. My brother and I **have** a strong bond.
   남동생과 나는 우애가 돈독하다.

4. I **had** a different idea.
   내 생각은 달랐다.

5 I **have** some fond memories of playing tag* with my friends.
친구들과 술래잡기하면서 놀던 즐거운 추억이 있다.

*tag: 술래잡기

SMALL TALK

Are you glad the project is over?
프로젝트가 끝나서 좋죠?

Honestly, I **have** mixed feelings. I'm relieved we finished the work, but I'll miss the team.
솔직히 시원섭섭해요. 일을 끝내서 홀가분하긴 한데, 팀이 그리울 것 같아요.

You chose med school over music, right?
음대 대신 의대를 선택한 거 맞지?

Yeah, it was a tough decision.
응, 힘든 결정이었어.

Do you **have** any regrets about not pursuing music?
음악을 계속하지 않은 걸 후회해?

A few, but I try not to think about it too much.
조금은 그렇지만, 되도록 생각 안 하려고 해.

FURTHER STUDIES

오늘은 SMALL TALK 2에서 소개한 **choose A over B** 구문에 대해 살펴보겠습니다. 이 표현은 'B가 아닌 A를 선택하다', 즉 'B보다 A를 더 선호하다'라는 의미입니다. 여기서 **over**는 **rather than**(~보다는), **instead of**(~ 대신에), **in preference to**(~에 우선하여)와 비슷한 의미입니다. 예를 들어 '버거보다 피자를 선호'하는 경우, **I choose pizza over burgers.**라고 표현할 수 있습니다. 또, '결혼을 반대하는 가족을 등지고 남자 친구를 선택'한 경우, **I chose my boyfriend over my own family.**라고 할 수 있습니다. '화려한 커리어보다는 삶의 질을 중시'하는 사람이라면 **I'd choose quality of life over a fancy job title.**(근사한 직장 타이틀보다 삶의 질을 선택하겠어요.)이라고 말할 수 있습니다.

다음 예문을 통해 이 표현에 좀 더 익숙해지도록 합시다.

- e.g. She would **choose** an English lecture **over** any horror movie.
  그녀는 공포 영화보다는 영어 강의를 택할 겁니다.

- e.g. Some people **choose** quality **over** price when buying furniture.
  어떤 사람들은 가구를 살 때 가격보다 품질을 중시한다.

- e.g. I can't believe you **chose** him **over** me!
  어떻게 내가 아닌 그 사람을 선택할 수가 있어!

- e.g. Some people **choose** short-term pleasure **over** long-term goals.
  장기적인 목표보다 눈앞의 즐거움을 선택하는 사람들이 있다.

DAY | 2 HAVE ②

I just had a snack, so I'm not that hungry.
방금 간식을 먹었더니, 배가 별로 안 고파요.

김재우의 영어관찰일기

보통 '먹다' 하면 **eat**을 떠올리기 쉽지만, **have**도 '~을 먹다, 마시다'의 의미로 자주 쓰입니다. 동사 **eat**은 '먹는' 행위 자체에 초점이 맞춰져 있습니다. 예를 들어 식사 자리에서 채소를 안 먹는 아이에게 **Eat vegetables!**라고 하면 "채소도 먹어야지!"라고 직설적으로 훈계하는 뉘앙스가 있습니다. 반면, **have**는 보통 음식 이름과 함께 쓰이며, **I had a salad for lunch today.**처럼 **have a salad**가 하나의 의미 덩어리로 사용됩니다. 이 경우 '먹는' 동작 자체보다는 '샐러드를 먹은' 내용 전체가 중요한 정보가 됩니다.

MODEL EXAMPLES

1. I usually **have** cereal for breakfast.
   나는 아침으로 주로 시리얼을 먹는다.

2. I'll **have** the steak, please.
   저는 스테이크 먹을게요.

3. I didn't **have** anything for lunch today.
   오늘 점심으로 아무것도 안 먹었어요.

4. You should **have** something before you leave.
   출발하기 전에 뭐라도 먹어야 해.

5 Let's **have** some pizza and watch a movie.
   피자 먹으면서 영화 보자.

SMALL TALK

1

> Did you **have** anything before class?
> 수업 전에 뭐 좀 먹었어?

> Just a banana. I was in a rush.
> 그냥 바나나 하나 먹었어. 시간이 없었어.

2

> What time do you usually **have** lunch?
> 점심은 주로 몇 시에 먹어요?

> Around noon, if I'm not too busy.
> 그렇게 안 바쁘면 대략 12시쯤에요.

> Oh, me too! Want to grab something together today?
> 오, 저도 그런데! 오늘 저랑 뭐 간단히 먹을래요?

> Sure! I could go for some Korean food.
> 좋지요! 한국 음식이라면 좋아요.

FURTHER STUDIES

오늘은 MODEL EXAMPLES에서 소개한 문장인 **Let's have some pizza and watch a movie.**에 나온 동사 **watch**와 **see**의 차이점에 대해 학습하겠습니다.

- **see**는 의도적으로 보는 것이 아니라 '눈에 보이는 것을 보다, 보게 되다'라는 어감입니다. **Did you see that bird?**(방금 저 새 봤니?)라고 할 때처럼 휙 지나가는 물체를 짧은 순간 볼 때 쓰입니다.
- **watch**는 의도적으로 집중해서 보는 것을 뜻합니다. 비교적 긴 시간 동안 무언가를 관찰하거나 영상 등을 주의 깊게 시청할 때 쓰입니다.

    e.g. I **saw** you at the park yesterday.
    어제 공원에서 널 봤어. (지나가다 우연히 보거나 목격했다는 의미)

    e.g. I **watched** you at the park yesterday.
    어제 공원에서 널 지켜봤어. (나무 뒤에 숨어서 의도적으로 유심히 지켜봤다는 의미)

    e.g. I **saw** the game on the TV at the bar, but I didn't **watch** it.
    술집에 있는 TV에서 경기가 나오던데, 집중해서 보지는 않았어.

이번에는 보다 구체적으로, 영화, 공연, 스포츠 등을 관람하는 상황에서 **see**와 **watch**의 쓰임이 어떻게 다른지 살펴보겠습니다.

- **see**는 영화, 공연, 스포츠 등을 보고 즐기는 '경험'을 강조합니다. 즉, 영화관이나 경기장 등에서 보고 즐기는 경험 전반을 이야기할 때는 **see**를 씁니다.
- **watch**는 영화, 공연, 스포츠 등을 '시각적으로 보는 행위'를 강조합니다.

    e.g. I **saw** the movie on the big screen.
    그 영화를 대형 화면으로 봤어. (대형 화면으로 관람한 경험을 강조)

    e.g. My mom called while I **was watching** a Netflix documentary last night.
    어젯밤에 넷플릭스 다큐멘터리를 보고 있는데 엄마한테 전화가 왔다. (특정 장소에서 무엇을 보고 즐긴 경험이 아닌, 시각적으로 무엇을 집중해서 시청한 행위를 강조)

DAY 3 HAVE ③

I had a weird morning yesterday.
어제 아침에는 별일이 다 있었어요.

김재우의 영어관찰일기

have 동사에는 '~을 겪다[경험하다], ~의 영향을 받다'라는 의미가 있으며 **I have a cold.** (감기 걸렸어.), **I have a terrible headache.**(머리가 너무 아파.)와 같은 문장에서 쓰인 **have**가 이에 해당합니다. 남녀 사이에서 "저희가 너무 안 좋게 끝났어요."라고 할 때 역시 **We had a terrible breakup.**이라고 표현하며, 이때의 **have**가 바로 '경험하다'라는 의미로 쓰인 것입니다. 오늘 학습하는 **have**만 잘 활용해도 훨씬 원어민에 가까운 자연스러운 영어를 구사할 수 있습니다.

MODEL EXAMPLES

1. We **had** a great time in Japan last week.
   우리는 지난주 일본에서 정말 좋은 시간을 보냈어요.

2. I **had** a rough childhood.
   나는 힘든 유년 시절을 보냈다.

3. I think I **have** a bad connection.
   (줌 회의에서) 제가 접속 상태가 안 좋은 것 같습니다.

4. We always **have** such good conversations.
   (친한 친구를 언급하며) 저희는 만나면 늘 대화가 즐겁습니다.

5 He **had** a long flight, so he needs some extra sleep.
그는 비행기를 오래 타서, 잠을 좀 더 자야 해요.

SMALL TALK

1

- Are you still planning to go to art school?
  여전히 예술 학교에 진학할 계획이니?

- I'm not sure. My mom and I **had** a falling-out over my major.
  잘 모르겠어. 전공 때문에 엄마랑 사이가 틀어졌거든.

2

- Hey, I haven't seen you around lately.
  안녕, 최근에 잘 안 보이더라.

- I know... I **had** a rough week, emotionally.
  응… 한 주 동안 마음이 좀 힘들었거든.

- Want to talk about it?
  무슨 일인지 이야기해 줄래?

- Maybe later. I just need some time to clear my head.
  음, 다음에. 우선 머리 좀 식힐 시간이 필요해서.

FURTHER STUDIES

오늘은 SMALL TALK 1에서 소개한 **falling-out**이라는 표현에 대해 학습하겠습니다. 이 표현은 다툼이나 의견 차이 등으로 인해 '사이가 틀어짐, 관계가 나빠짐'을 뜻하는 명사입니다. 그렇다면 왜 그런 뜻이 되었을까요? **fall out of**(~로부터 떨어지다)라는 동사구에서 파생된 표현이기 때문입니다. 원래 단단히 붙어 있던 무언가가 떨어져 나가듯 가까운 관계였던 사람과의 사이가 틀어지고 멀어지는 것을 **falling-out**이라는 말로 비유적으로 표현한 것입니다.

다음은 **fall out of**가 글자 그대로의(literal) 의미로 사용된 예문입니다.

- e.g. My neighbor **fell out of** a tree when I was young.
  내가 어렸을 때, 우리 이웃이 나무에서 떨어졌어요.

- e.g. I think my phone **fell out of** my pocket while I was getting off the bus.
  아무래도 버스에서 내리다 핸드폰이 주머니에서 빠진 것 같아.

다음은 비유적인(figurative) 의미로 **falling-out**을 사용한 예문입니다.

- e.g. Didn't you hear? Those two had a major **falling-out** after Christmas.
  그거 못 들었어? 그 두 사람 크리스마스 이후로 사이가 완전히 틀어졌대.

- e.g. My business partner and I had a **falling-out** over money.
  제 동업자와 저는 돈 문제로 사이가 멀어졌어요.

이처럼 **falling-out**은 인간 관계의 틀어짐을 은유적으로 나타내는 아주 유용한 표현입니다. 표면적인 뜻과 비유적인 뜻을 함께 익혀 두면 영어를 훨씬 더 유연하게 이해할 수 있습니다.

DAY | 4　HAVE ④

Samsung is having a new-product launch today.

삼성이 오늘 신제품 출시 행사를 열어요.

김재우의 영어관찰일기

어떤 행사나 예정된 이벤트를 '열다, 개최하다'라고 할 때, 일상적인 영어 표현에서는 동사 **have**를 주로 사용합니다. 이런 경우에 **hold**를 쓰는 학습자들이 종종 있는데, **hold**도 틀린 표현은 아니지만 상대적으로 격식 있고 문어체적인 느낌을 줍니다. 회화나 광고, 안내문 등 일상적인 구어체 상황에서는 대부분 **have**를 사용합니다. 예를 들어, **I heard your company always has great Christmas parties.**(너희 회사는 늘 멋진 크리스마스 파티를 한다고 들었어.)에서처럼 기업이나 단체가 반복적으로 여는 행사도 동사 **have**를 활용하여 자연스럽게 표현할 수 있습니다.

MODEL EXAMPLES

1. I'm **having** a housewarming party this weekend.
   제가 이번 주말에 집들이를 합니다.

2. The department stores **are** all **having** sales this week.
   백화점들이 이번 주에 일제히 세일을 한다.

3. We **had** a job fair at COEX in June.
   우리는 6월에 코엑스에서 채용 박람회를 열었다.

4 We're having a get-together this weekend if you want to join.
이번 주말에 모임이 있으니 오고 싶으면 오렴.

5 The bakery has a buy-one-get-one deal today.
그 제과점에서 오늘 원 플러스 원 행사를 한다.

SMALL TALK

1

🙍‍♀️ I need to buy some new luggage.
여행용 가방을 새로 사야 해.

🙍‍♂️ Oh, Costco is having a sale on Samsonite luggage right now.
아, 코스트코에서 지금 샘소나이트 여행 가방 세일 중인데.

2

🙍‍♀️ How is life in Brazil treating you, Junho?
준호 씨, 브라질 생활 어때요?

🙍‍♂️ It's not easy, but it's getting better.
쉽지는 않지만 나아지고 있습니다.

🙍‍♀️ Do you have any friends yet?
지금쯤이면 친구도 사귀었겠어요?

🙍‍♂️ Yeah, a couple of Korean families live in my apartment building and we have barbeques every Friday.
네, 아파트 단지에 한국인 가정이 몇 있는데 매주 금요일마다 바비큐 파티를 해요.

FURTHER STUDIES

오늘은 SMALL TALK 2에서 소개한 **Do you have any friends yet?**이라는 문장에 나온 **yet**의 용법에 대해 학습하겠습니다. 의문문에서 문장 끝에 **yet**이 오면 자신의 짐작이나 예상이 맞는지 확인하는 의미를 가집니다. 단순히 "친구가 생겼어?(Do you have any friends?)"가 아닌, "친구는 생긴 거지?**(Do you have any friends yet?)**"의 어감입니다. 일상 회화에서 매우 자주 쓰이는 **yet**의 용법이므로 확실히 익혀 두면 영어 듣기와 말하기에 큰 도움이 됩니다.

다음 예문을 통해 익숙해질 때까지 연습해 봅시다.

- e.g. Did you leave work **yet**?
  퇴근은 한 거지?

- e.g. Did you call your mom **yet**?
  엄마한테 전화한 거지?

- e.g. Did you eat dinner **yet**?
  저녁은 먹은 거지?

- e.g. Did you finish your chores **yet**?
  집안일은 다 한 거지?

다음은 아파트에 사는 맞벌이 부부의 카카오톡 메시지로, 출근을 위해 집을 나온 아내와 아직 집에 있는 남편 사이의 대화입니다.

- e.g. A: Did you leave **yet**?
  당신 이미 집 나선 거지?

  B: No, why?
  아니, 왜?

  A: I forgot my wallet. Could you throw it down to me, please?
  지갑을 두고 왔네. 아래쪽으로 던져 줄 수 있을까?

  B: OK.
  알았어.

DAY | 5 HAVE ⑤

I have some chores to do in the afternoon.

오후에는 집안일을 좀 해야 해요.

김재우의 영어관찰일기

동사 **have**는 「**have + 목적어 + to부정사**」의 형태로 쓰여 '해야 할 일, 소화해야 하는 일정' 등을 나타낼 수 있습니다. '책임, 의무, 필요'를 표현할 때는 여지없이 이와 같은 방식을 사용합니다. 예를 들어, 7월 21일에 시간 되면 한번 만나자는 상대방의 제안에 대해 **I have a workshop to attend on July 21st.**(7월 21일에는 워크숍 참석 일정이 있어.)라고 답하면 자연스러운 표현이 됩니다. 이때 **I need to attend a workshop on July 21st.** 라고 해도 되지만 상대방과 일정을 공유하는 상황에서는 「**have + 목적어 + to부정사**」 형태로 쓰는 것이 조금 더 적절하다는 점을 꼭 기억합시다.

MODEL EXAMPLES

1. I **have** tons of work to do.
   할 일이 산더미같이 쌓여 있다.

2. I **have** a few emails to reply to.
   답장해야 할 이메일이 몇 개 있다.

3. I **have** some errands to run this afternoon.
   오늘 오후에 몇 가지 볼일이 좀 있다.

4 We **have** a project to finish by Friday.
금요일까지 프로젝트 하나를 마무리해야 한다.

5 I **have** some Christmas shopping to do.
크리스마스 (선물) 쇼핑을 좀 해야 한다.

SMALL TALK

Good morning, Jerry. We were just talking about the project updates.
안녕하세요, 제리. 우리 방금 프로젝트 진행 상황에 대해 이야기하고 있었어요.

Yes, sorry I'm late. I **had** something to take care of.
네, 늦어서 죄송해요. 뭐 좀 처리할 게 있었어요.

Are you busy today? Let's have lunch.
오늘 바빠? 점심 먹자.

I can't. I'm on my way to the post office.
안 돼. 우체국 가는 길이야.

Really? Why?
정말? 왜?

I just sold five pairs of pants on Joonggonara, so I **have** a lot of packages to ship.
중고나라에서 바지 다섯 개를 팔아서, 택배 부칠 게 많아.

FURTHER STUDIES

오늘은 SMALL TALK 1에서 소개한 **take care of**에 대해 학습하겠습니다. **take care of**는 매우 다양한 상황에서 쓸 수 있는(versatile) 대표적인 표현입니다. 다음 용례를 통해 익혀 두시기 바랍니다.

- 육체적·정서적으로 돌보다, 보살피다, 챙기다

    e.g. **I'm taking care of** my friend's cat this weekend.
    이번 주말에 친구 고양이를 돌봐 주기로 했어.

    e.g. My dad needs to **take better care of** his health.
    저희 아빠는 건강을 좀 더 신경 쓰셔야 해요.

- 일, 업무 등을 처리하다

    e.g. I have some work to **take care of** before I start my vacation.
    휴가 가기 전에 처리해야 할 일이 좀 있어.

- 관리하다, 손질하다

    e.g. My mom usually **takes care of** her garden in the afternoons.
    저희 엄마는 주로 오후 시간에 정원을 손질하십니다.

- 계산[결제]을 하다, 처리하다

    e.g. The company **took care of** everything.
    회사에서 모든 경비를 다 대 줬어요.

DAY | 6　HAVE ⑥

The Gion district in Kyoto has a charming vibe.

교토에 있는 기온 거리는 분위기가 참 매력적이에요.

김재우의 영어관찰일기

사람 또는 사물에게 어떠한 성질(특징) 등이 있다고 할 때 역시 동사 **have**로 표현합니다. 예를 들어 "그는 웃는 게 예뻐."는 **He has a good smile.**로 표현합니다. "네 사무실 전망이 좋군."이라고 말하고 싶다면 **Your office has a great view.**라고 하면 됩니다. 만약 이 문장을 한국어 그대로 영어로 옮겨 **The view of your office is good.**이라고 하면 조금은 어색한 영어가 되니 주의해야 합니다.

MODEL EXAMPLES

1. This cup **has** a unique handle.
   이 컵은 손잡이가 독특하다.

2. My new car **has** leather seats.
   내가 새로 산 차는 시트가 가죽이다.

3. These pants don't **have** pockets.
   이 바지는 주머니가 없다.

4. The new model **has** a sleek design.
   새 모델은 디자인이 아주 잘 빠졌다.

5 He **has** a great personality.
그 사람은 성격이 참 좋아요.

SMALL TALK

1

🧑 I could spend all day in Bukchon.
난 북촌에서 하루 종일 시간 보낼 수 있어.

🧑 I know what you mean. Bukchon **has** a lot of character.
무슨 말인지 알지. 북촌이 나름의 운치가 있잖아.

2

🧑 He **has** an interesting background for a politician.
그분 정치인치고는 재미있는 배경을 가지고 있어.

🧑 He does. He used to be an actor and a pro-wrestler.
맞아. 배우이자 프로 레슬링 선수였으니.

🧑 That explains why he's so comfortable in front of the camera.
그래서 카메라 앞에서 그렇게 편안한 거야.

🧑 I guess so, but I just hope he lowers taxes…
그런 듯. 근데 세금 좀 낮춰 줬으면….

FURTHER STUDIES

이번 FURTHER STUDIES에서는 주어의 성질이나 특징을 나타낼 때 사용하는 **have**의 쓰임을 다양한 예문을 통해 좀 더 깊이 있게 익혀 보겠습니다. 다음 예문들을 반복해서 눈으로 읽고 직접 말해 보면서 완전히 자기 것으로 만들어 봅시다.

- e.g. You **have** a good voice.
  당신은 목소리가 좋군요.

- e.g. The Namsan Hyatt **has** a great night view.
  남산 하얏트는 야경이 끝내주지.

- e.g. Your logic **has** some flaws.
  당신의 논리에는 모순이 있어요.

- e.g. Red ginseng **has** a lot of health benefits.
  홍삼은 건강에 정말 좋다.

- e.g. A: Which apartment do you like better?
  어느 아파트가 더 마음에 들어?

  B: The first place is near the river, but there's no parking...
  첫 번째 곳은 강 근처이긴 하지만 주차가 안 되니….

  A: Yeah, and the second place **has** parking, but it's next to a busy street.
  그래, 두 번째 곳은 주차는 되지만 붐비는 거리 바로 옆이고.

  B: They both **have** pros and cons. Maybe we should keep looking, for now.
  두 곳 다 장단점이 있네. 일단은 계속 알아보는 게 좋겠어.

DAY 7 — HAVE ⑦

Thank you for having us over for dinner.

우리를 저녁 식사에 불러 줘서 고마워요.

김재우의 영어관찰일기

동사 **have**는 일상 영어에서 「**have + 목적어 + 부사/형용사**」 또는 「**have + 목적어 + 전치사구**」 형태로 상태를 나타낼 때 자주 쓰입니다. 대표 문장인 **Thank you for having us over for dinner.**도 「**have + 목적어(us) + 부사(over)**」 문형입니다. 다른 예시로, **We had the music on all night.**에서는 **on**이 형용사로 쓰여 밤새도록 '음악을 틀어 둔 상태'를 자연스럽게 표현합니다. 또한, **I don't have my ID on me right now.**는 목적어 뒤에 전치사구(**on me**)가 이어진 형태로 '신분증을 가지고 있지 않다'는 뜻입니다. 오늘 학습하는 **have** 역시 다양한 실제 상황에서 매우 자주 쓰이므로, 자주 보고 들으며 자연스럽게 익숙해지는 것이 중요합니다.

MODEL EXAMPLES

1. I always **have** a pen nearby to take quick notes.
   나는 간단한 메모를 위해 항상 펜을 곁에 둔다.

2. Who **are** you **having** over for your birthday dinner?
   생일 저녁 식사에 누구를 부를 거니?

3. It's great to **have** you back. We missed you a lot.
   다시 보니 너무 좋구나. 얼마나 보고 싶던지.

4. Do you **have** any cash on you?
   너 지금 수중에 현금 있니?

5. I like to **have** the radio on when I'm in the car.
나는 차 안에 있을 때 라디오를 켜 두는 편이다.

SMALL TALK

1

- Hey, Billy, leave Grandpa alone. He's busy.
  빌리, 할아버지 좀 혼자 있게 해 드려. 바쁘셔.

- Don't listen to her, Billy. I like **having** you around.
  빌리, 엄마 말 듣지 마. 네가 곁에 있으니 좋기만 한걸.

2

- Tara, would you like to come to my birthday dinner next Friday?
  타라, 다음 주 금요일 내 생일 저녁 식사에 올래요?

- Of course. I'll be there. Who else **are** you **having** over?
  물론이죠. 갈게요. 또 누가 오나요?

- A couple friends from high school, but mostly work people.
  고등학교 친구 몇 명이 오긴 하는데, 주로 회사 사람들이 와요.

- Cool. Maybe I can make some new friends. Thanks for **having** me.
  좋네요. 새로운 친구를 사귈 수도 있겠네요. 초대해 줘서 고마워요.

FURTHER STUDIES

오늘은 SMALL TALK 2에서 소개한 **a couple of**(혹은 **a couple**)와 **a few**, **several**의 차이점에 대해 학습하겠습니다.

a couple of는 couple이라는 단어가 암시하듯 '두어 개' 정도에 해당하는 표현이며, **a few**는 '3~5개' 정도에 해당합니다. **several**은 '여러 개(4~7개 정도)'의 느낌에 해당하며, 이 세 표현 중 나타내는 수의 범위가 가장 넓습니다. 대다수 학습자가 **several**이라는 표현을 잘 사용하지 못하는데, 다양한 예문을 통해 **several**을 활용하여 영어를 구사할 수 있도록 합시다.

- e.g. I've met her **a couple of** times.
  그녀를 두어 번 만났다.

- e.g. **A couple of** days into summer vacation, I already missed school a little.
  여름 방학이 시작되고 이틀이 지나자 벌써 학교가 좀 그리웠다.

- e.g. I need **a few** minutes to finish this.
  이거 마무리하려면 몇 분 더 필요해.

- e.g. I invited **a few** friends over.
  친구 몇 명을 초대했다.

- e.g. My son made **several** mistakes on the test.
  아들이 시험에서 실수를 여러 개 했어요.

- e.g. After I wake up, I sometimes just lie there for **several** minutes before finally getting up.
  잠에서 깬 뒤, 가끔은 몇 분 동안 그냥 누워 있다가 결국 일어나요.

DAY | 8 HAVE ⑧

You could have Daniel give you a ride.
다니엘에게 태워 달라고 할 수도 있잖아요.

김재우의 영어관찰일기

have는 「have + 사람 + 동사원형」의 5형식 형태를 취해서 '~에게 …하도록 시키다, ~에게 …해 달라고 부탁하다' 또는 '~가 …하게끔 조정하다'라는 의미로 쓰입니다. **tell**이나 **ask**처럼 명령하거나 요청하는 의미가 있기는 하지만, 그보다는 좀 더 부드럽고 완곡하게 부탁하는 느낌입니다. 대표 문장인 **You could have Daniel give you a ride.**는 다음날 새벽 공항에 가야 하는 남편에게 아내가 "당신 친구 다니엘에게 태워 달라고 할 수도 있잖아요."라고 하는 말인데, 부탁해서 그렇게 되게끔 조정하는(arrange) 뉘앙스를 띕니다. 일상 대화는 물론이고 비즈니스 상황에서도 매우 자주 쓰이는 표현이니 꼭 익혀 두길 바랍니다.

MODEL EXAMPLES

1. I'll **have** my husband meet you near the station.
   (당근마켓에서의 거래) 남편한테 역 근처에서 만나라고 할게요.

2. Maybe you could **have** Jeff give you some exercise tips.
   제프한테 운동 조언을 좀 부탁하면 어떨까?

3. I will **have** my secretary get back to you.
   저희 비서한테 다시 전화드리라고 해 둘게요.

4. **Have** him stop by my office and I'll take a look at his résumé.
   그분한테 내 사무실로 들르라고 해요. 이력서 검토해 볼게요.

5 I was thinking of **having** Andrew proofread my draft.

앤드루한테 초안 감수 부탁할까 싶어요.

SMALL TALK

> I just bought this computer and it crashes like ten times a day.
>
> 얼마 전에 이 컴퓨터 샀는데 하루에도 열 번씩 먹통이 되네.

> You should **have** Nicholas check it out. He's good with computers.
>
> 니콜라스한테 한번 봐 달라고 해 봐. 그 친구 컴퓨터 잘 다루잖아.

> Kim & Kim Law Office; how may I direct your call?
>
> 김앤김 법률 사무소입니다. 어디로 연결해 드릴까요?

> Hello, may I speak with Yuna Kim?
>
> 안녕하세요, 김유나 변호사님과 통화 가능할까요?

> She is currently with a client right now. May I take a message?
>
> 지금은 의뢰인과 함께 계셔서요. 메시지 전해 드릴까요?

> Yes, I'm a client of hers—Kevin Lee. Could you **have** her call me back, please?
>
> 네, 변호사님의 의뢰인 케빈 리입니다. 저에게 전화 부탁드린다고 전해 주시겠어요?

FURTHER STUDIES

오늘은 SMALL TALK 2에서 소개한 **May I ~?** 구문에 대해 학습하겠습니다. 예의를 차려 부탁을 하거나 허락을 구할 때 자주 쓰는 표현으로, 격식을 갖춘 자리나 비즈니스 상황에서 좀 더 많이 사용됩니다.

- 편의점 직원이 담배나 주류를 구매하려고 하는 고객에게 다음과 같이 물을 수 있습니다.

    e.g. **May I** see your ID?
    신분증 좀 볼 수 있을까요?

- 사무실에서 동료 직원을 찾는 전화를 받았을 때 상대방에게 다음과 같이 물어볼 수 있습니다.

    e.g. **May I** ask who's calling?
    전화 주신 분은 누구신가요?

- 장인, 장모님과 저녁 식사를 하던 사위가 다음과 같이 말할 수 있습니다.

    e.g. **May I** go now?
    죄송한데 먼저 일어나 봐도 될까요?

- 강의 시간에 늦은 학생이 문 앞에서 교수님께 양해를 구하며 다음과 같이 말합니다.

    e.g. **May I** come in?
    들어가도 될까요?

- 회사의 안내 데스크 직원이 상무님을 찾아온 손님에게 다음과 같이 응대할 수 있습니다.

    e.g. **May I** ask you to take a seat in the lobby, please?
    로비에서 기다려 주시겠어요?

DAY | 9 GET ①

My boyfriend got a ticket to the concert.
남자 친구가 콘서트 표를 구했어요.

김재우의 영어관찰일기

buy나 purchase는 '사다, 구매하다'라는 뜻으로 그 의미가 명확한 동사인 반면, get은 어디에서 무엇을 '구하다, 획득하다, 얻다, 받다, 사다' 등 상황에 따라 다양한 의미로 쓰입니다. 즉, 상대방이 그 물건을 어떻게 손에 넣었는지 모를 때 보통 **Where did you get this?**(이거 어디서 구했어?)라고 묻는 것입니다. 샀을 수도 있고 선물 받았을 수도 있으며, 빌렸거나 다른 경로로 얻었을 수도 있기 때문입니다.

MODEL EXAMPLES

1. I got this phone last week.
   지난주에 이 핸드폰 샀어. (지난주에 이 핸드폰 선물로 받았어.)

2. I got these shoes from Italy.
   이 신발 이탈리아에서 구했어. (이 신발 이탈리아에서 샀어.)

3. I got this painting at a flea market.
   이 그림 벼룩시장에서 샀어.

4. Where did you get this leather jacket?
   이 가죽 재킷은 어디서 산 거야?

5. Where can I get a coffee around here?
   이 주변에서 커피 살 수 있는 곳이 어딘가요?

SMALL TALK

1

🧑 How did you **get** this designer bag?
이 명품 가방은 어떻게 구한 거야?

👩 I bought it online. It was twice as much as the retail price, but it was worth it.
온라인에서 샀어. 소매가보다 두 배 비싸지만, 그 값은 하더라.

2

🧑 Do you know where I can **get** a pair of Kobe 8s?
코비 8 신발 어디서 구할 수 있는지 아니?

👩 I can take you to a place I know. They might have some.
내가 아는 곳에 데려갈게. 어쩌면 거기 있을지도 몰라.

🧑 Yeah, that'd be good. I don't want to buy them online.
응, 좋아. 온라인에서 사고 싶지는 않거든.

👩 Yeah, there are a lot of knock-off* sneaker dealers these days.
응, 요즘 짝퉁 스니커즈 파는 사람이 많긴 해.

*knock-off: 짝퉁, 모조품; 짝퉁의, 모조품의

FURTHER STUDIES

오늘은 SMALL TALK 1에 나온 **It was twice as much as the retail price ~**에서 사용된 '배수 비교' 표현에 대해 학습하겠습니다. 배수 비교란 A가 B보다 '~배만큼 …하다'라고 할 때 사용하는 표현 방식으로, **half**(절반), **twice**(두 배), **double**(두 배), **three times**(세 배) 등과 같은 배수 표현을 사용합니다. 좋고 나쁨의 정도, 양, 길이, 시간 등 다양한 것을 비교할 수 있으며, 다음 형태로 자주 쓰입니다.

- 배수 + as + 원급 + as
- 배수 + more/less + 명사 + than
- 배수 + 비교급 + than

   e.g. This sequel isn't even **half as good as** the original.
   이 속편은 원작의 절반에도 못 미치네요.

   e.g. The new hybrid model has **three times less carbon emissions than** the previous version.
   신형 하이브리드 모델은 이전 모델 대비 탄소 배출량이 세 배나 적다.

   e.g. Rent in Seongsu is **three times higher than** in my area.
   성수동 집세(월세)가 우리 동네보다 세 배나 더 비싸다.

- 배수 + the + 단위 명사

   e.g. This sandwich has more than **double the calories** of a Big Mac.
   이 샌드위치가 빅맥에 비해 칼로리가 두 배 이상 높다.

- 배수 + what 명사절

   e.g. I still like my current job, even though they don't even pay **half what I used to earn**.
   저는 지금 하는 일도 좋습니다. 급여는 예전 수준의 반도 안 되지만요.

DAY | 10 GET ②

You have to book way in advance to get a table there.

거기 자리 잡으려면 엄청 미리 예약해야 해요.

김재우의 영어관찰일기

DAY 9에서는 **get**이 '~을 손에 넣다, 구하다'라는 의미로 쓰이는 경우를 살펴보았습니다. 오늘 학습하는 **get**은 같은 의미이지만, **get** 다음에 오는 목적어의 성격이 다릅니다. DAY 9에서는 눈에 보이는 사물이 목적어로 와서 물리적인 소유를 뜻했던 데 반해, 오늘은 **get a table, get a reservation, get a spot, get an internship, get a scholarship, get a place, get an interview**처럼 단순한 사물이 아닌 한정된 수량의 기회나 자리 등이 목적어로 오는 경우를 살펴보겠습니다. 이 경우에는 **get**이 특정 단어와 자연스럽게 함께 쓰여 '연어(collocations)'를 이루며, 쉽게 얻기 어려운 것을 '구하다, 따내다, 확보하다'라는 뉘앙스를 띱니다.

MODEL EXAMPLES

1. I finally managed to **get** a spot in the Seoul Marathon.
   드디어 서울 마라톤 대회 참가 자격을 얻었다.

2. I'm hoping to **get** an internship in San Francisco this summer.
   이번 여름에 샌프란시스코에서 인턴을 하고 싶습니다.

3. If I don't **get** a scholarship, I won't be able to go this semester.
   장학금을 못 받으면 이번 학기를 못 다닐 것 같아.

4 I don't think we can **get** a place in Gangnam.
(결혼을 앞둔 예비 신부의 말) 우리는 강남에는 집 못 얻을 듯해.

5 We couldn't **get** a spot near the stage.
(공연장에서) 무대 가까운 자리를 못 구했어.

SMALL TALK

1

Did you **get** an interview at that law firm yet?
그 로펌에서 면접 보게 된 거지?

Not yet, I'm still waiting.
아니, 아직 기다리는 중이야.

2

I'm so excited to go to that restaurant for my birthday.
내 생일에 그 식당 가는 거 너무 기대돼.

Actually, I couldn't **get** a reservation. They're booked for the next three months.
사실 예약 못 했어. 앞으로 3개월 동안 예약이 꽉 찼더라고.

Seriously? That's a bummer.
정말? 너무 아쉽다.

Yeah, but sometimes people cancel. We just have to keep checking every day.
응, 그래도 가끔 취소하는 사람도 있으니까. 우리 그냥 매일 계속 확인해 보자.

FURTHER STUDIES

오늘은 SMALL TALK 2에서 소개한 **That's a bummer.**와 관련된 표현을 학습하겠습니다. 우선, **That's a bummer.**는 계획하거나 예상한 대로 상황이 진행되지 않을 때 "실망이다.", "아쉽다."라는 뜻으로 쓰입니다. '엄청 실망스럽다'라기보다는 '좀 아쉽고 실망이다' 정도의 어감입니다. 매우 비격식적인 표현으로 일상 대화에서 자주 사용됩니다. **What a bummer!**나 **That's such a bummer.** 등으로 응용 가능합니다.

비슷한 표현으로 **bummed out**이 있는데, 이 역시 좀 실망스럽고 살짝 힘이 빠진다는 어감입니다. 하지만 **bummed out** 앞에 **really**, **so** 등을 함께 쓰면 '상당히[많이] 실망스럽다'라는 뉘앙스를 줄 수 있습니다.

다음 대화문을 통해 이를 확인해 보겠습니다.

e.g. A: Did you get tickets to the Taylor Swift concert?
테일러 스위프트 콘서트 표 구했어?

B: No, they sold out in minutes. I was **so bummed out**!
아니, 몇 분 만에 매진되었어. 너무 속상했어!

'실망한, 낙담한'이라는 뜻을 가진 형용사 **disappointed**의 명사형 **disappointment** 역시 실망이나 아쉬움을 나타낼 때 자주 쓰입니다. 대다수 한국 학습자가 **I was really disappointed.**와 같이 형용사 표현은 잘 구사하지만, 명사형인 **disappointment**는 잘 활용하지 못합니다. 앞으로는 "무지 실망스러웠다."라고 할 때 명사형을 활용하여 **It was a big disappointment.**라고 표현하는 데도 익숙해지도록 합시다.

DAY 11 GET ③

Let's get a drink after work.
퇴근하고 한잔해요.

김재우의 영어관찰일기

'~을 먹다, 마시다'라는 의미로는 **eat, have, get** 같은 동사가 쓰입니다. 이 중 「**get + 음식/음료**」는 단순한 음식물 섭취 이상의 의미를 담고 있으며 무언가를 먹거나 마시며 사람들과 어울리는, 일종의 사회적 상황(social context)을 내포합니다. 예를 들어, **Let's sit down and have a drink.**는 '마시는' 행위 자체에 초점을 두고 있습니다. 반면에, **Let's get a drink after work.**라고 하면 마시는 행위보다는 퇴근 후 한잔하면서 이런저런 이야기를 하자는 어감입니다.

MODEL EXAMPLES

1. If you're not too busy, maybe we could **get** a drink sometime.
   혹시 많이 안 바쁘시면, 언제 술이나 한잔해도 좋고요.

2. I'm going to **get** a beer with Paul after work today.
   오늘 퇴근하고 폴 만나서 맥주 한잔하려고.

3. After the meeting, let's **get** lunch. My treat.
   회의 끝나고 점심 하자. 내가 살게.

4. Let's **get** a bottle of wine with dinner tonight.
   오늘 밤에 저녁 먹으면서 와인 한 병 하자.

5 Are you busy tomorrow? Let's **get** coffee.
내일 바빠요? 커피 한잔해요.

SMALL TALK

1

It's late, but I don't feel tired.
늦었긴 한데 그래도 피곤하지는 않아.

Let's go **get** a drink. I know a great place.
나가서 한잔하자. 정말 좋은 데 알거든.

2

I haven't seen you and Nicholas for a while.
너랑 니콜라스 못 본 지도 한참 됐네.

I know, it has been a long time.
맞아, 한참 됐어.

Why don't we **get** lunch or dinner sometime in April?
4월에 언제 점심이나 저녁 할까?

That sounds great. The weather should be nice by then.
너무 좋지. 그때쯤이면 날씨도 좋을 거야.

FURTHER STUDIES

오늘은 '먹다, 마시다'라고 할 때 쓰이는 동사 **eat**, **have**, **get**의 차이에 대해 알아보겠습니다. 다음의 주요 차이점과 각 동사별 예문을 잘 익혀 두시기 바랍니다.

- **eat**: 먹는 행위 또는 먹는 대상을 강조합니다. '마시다'라고 할 때는 쓸 수 없습니다.

    e.g. I **ate** too much at the buffet.
    뷔페에서 너무 많이 먹었어요.

    e.g. He **is eating** an apple right now.
    그 사람 지금 사과를 먹고 있어요.

    e.g. I don't **eat** pork.
    돼지고기는 안 먹어요.

- **have**: 먹는 대상, 경험, 반복적인 행위를 강조합니다. '마시다'라고 할 때도 쓸 수 있습니다.

    e.g. We **had** pasta for lunch today.
    우리는 오늘 점심으로 파스타 먹었어요.

    e.g. I usually **have** cereal before the gym.
    헬스장 가기 전에 주로 시리얼을 먹어요.

    e.g. I **haven't had** anything substantial today.
    오늘 밥 될 만한 걸 아무것도 못 먹었어요.

- **get**: 무언가를 먹으면서 이야기를 나누거나 함께 어울리는 상황에서 쓰입니다. **eat**, **have**보다 더 포괄적인 의미를 지닙니다.

    e.g. We live in the same area, so we **get** coffee every once in a while.
    우리는 같은 동네에 살아서, 가끔씩 만나서 커피 마십니다.

    e.g. We always say we'll **get** a drink sometime, but it never happens.
    우린 맨날 말로는 언제 한잔하자고는 하는데, 한 번도 한 적이 없네요.

DAY | 12　GET

Can I get a large Americano?
아메리카노 라지 사이즈로 하나 주세요.

김재우의 영어관찰일기

한국어로는 주문할 때 "~ 주세요."라고 하지만 영어는 **get** 동사를 써서 **Can I get ~?**으로 표현합니다. "포크 하나 더 주세요."라고 할 때도 **Can you give me an extra fork?**가 아닌 **Can I get an extra fork?**라고 해야 합니다. 주문할 때뿐만 아니라 결제한 후 "영수증 부탁해요."라고 할 때 역시 **Can I get a receipt for this purchase?**라고 하면 됩니다. SMALL TALK 1의 경우처럼 호텔에서 서비스를 요청할 때 역시 이 구문을 쓰면 된답니다.

MODEL EXAMPLES

1. Can I **get** a lemon tea, please?
   레몬차 주시겠어요?

2. Can I **get** a coffee to go, please?
   커피 테이크아웃으로 한 잔 부탁해요.

3. Can I **get** extra cheese on my burger?
   햄버거에 치즈 한 장 더 얹어 주시겠어요?

4. Can I **get** a wet wipe, please?
   물티슈 한 장 주시겠어요?

5 Can we **get** salad instead of fries with our dinner?
식사에 포함된 감자튀김 대신 샐러드로 주실 수 있을까요?

SMALL TALK

1

Can I **get** some more towels? I'm in room 502.
(호텔 프런트에 전화로) 수건 좀 더 주시겠어요? 502호예요.

Sure, we'll leave them in front of your door.
물론입니다. 문 앞에 둘게요.

2

What can I **get** you?
뭐 드릴까요?

Yeah, can I **get** a soy latte?
네, 소이라테 주시겠어요?

Oh, I'm sorry, we are out of soymilk.
죄송한데, 지금 두유가 다 떨어졌어요.

Oh, then I'll just have a black tea.
아, 그럼 그냥 홍차로 할게요.

FURTHER STUDIES

오늘은 **Can I get ~?** 구문에 대해 좀 더 자세히 살펴보겠습니다. 앞에서 설명했듯이 **Can I get ~?**이 가장 흔히 쓰이는 상황은 식당, 카페, 술집에서 주문할 때입니다. 뿐만 아니라 일반 상점이나 매장 등에서도 흔히 사용되는데, 계산을 하면서 **Can I get a receipt?**(영수증 부탁합니다.)라고 말하는 것을 자주 볼 수 있습니다.

또한, 예의 바르게 무엇을 요청할 때도 자주 쓰이는 표현이 바로 **Can I get ~?**입니다. 가령 상대에게 피드백이나 의견을 구할 때 **Can I get your feedback/opinion on this?**라고 하면 자연스러운 원어민식 문장이 완성됩니다.

위의 내용을 정리하면 다음과 같습니다.

- 식당이나 카페 등에서 주문할 때

    e.g. **Can I get** the same thing they're having?
    저 사람들이 먹는 거랑 같은 것으로 주시겠어요?

- 상점이나 호텔 등에서 무엇을 부탁할 때

    e.g. **Can I get** change for this $20, please?
    이 20달러 지폐를 잔돈으로 바꿔 주실 수 있을까요?

- 상대방의 의견이나 피드백 등을 정중하게 요청할 때

    e.g. **Can I get** your thoughts on this?
    이 점에 대한 당신의 생각을 말해 주시겠어요?

DAY | 13 — GET ⑤

We just got back last night.
(여행 갔다가) 어젯밤에 돌아왔어요.

김재우의 영어관찰일기

동사 **get**은 '어떤 지점에 도달하다'라는 의미로도 자주 쓰입니다. 이때 **get**은 이동하는 과정보다는 '도착한 상태', 즉 최종 지점에 도달하는 데 초점을 둡니다. 이러한 의미의 **get**은 글자 그대로의 의미로 쓰일 수도 있고, 비유적으로 쓰일 수도 있습니다. 예를 들어, 대표 문장인 **We just got back last night.**은 물리적인 장소에 도착하는 의미입니다. 반면, **It took me a few years to get to this level of speaking. I practiced every day.** (말하기 실력이 이 정도로 되기까지 몇 년이 걸렸어. 매일 연습했지.)는 비유적인 의미로 쓰인 경우이며 어떤 능력, 위치, 상태, 목표 등에 도달했음을 나타냅니다.

MODEL EXAMPLES

1. I just **got** here.
   나 방금 도착했어.

2. When did you **get** here?
   언제 도착한 거야?

3. Text me when you **get** to the station.
   역에 도착하면 문자 줘.

4. Did you **get** to the meeting on time?
   회의에 늦지 않게 간 거야?

5. If you want to get anywhere* in this business, you need to learn how to golf.
이 업계에서 성공하고 싶으면 골프를 배워야 해요.

*get anywhere: 무엇인가 성과를 거두다, 잘 되다

SMALL TALK

1

How are you getting home? Do you need a ride?
집에는 어떻게 가세요? 태워 드릴까요?

I'm taking the subway. A ride to the station would be great, thanks.
지하철을 타려고요. 역까지 태워 주시면 너무 좋죠, 고마워요.

2

What are your goals at this company?
(팀장이 팀원에게) 이 회사에서의 목표가 뭔가요?

Well, I'd like to get to where you are. Do you have any advice?
음, 팀장님 위치까지 올라가 보고 싶어요. 해 주실 조언이 있을까요?

To get to where I am, you'll need to know what other departments do.
내 자리까지 오려면, 다른 부서에서 어떤 일을 하는지도 잘 알아야 해요.

I see. So I should try to have lunch with people from other departments.
알겠습니다. 그럼 다른 부서 사람들과 점심 식사도 하려고 해야겠군요. (식사 자리를 통해 다른 부서 사람들과 어울리며 일도 자연스럽게 접해 봐야겠다는 의미)

FURTHER STUDIES

오늘은 '도달하다, 도착하다'라는 의미의 **get**이 동사 **come**과는 어떻게 다른지 학습하겠습니다. 관찰일기에서 설명한 것처럼, **get**은 목표 지점에 '도달'하거나 '도착'하는 데 초점을 둔 동사입니다. 예를 들어, MODEL EXAMPLES 1번 문장인 **I just got here.**는 '어떻게 왔는지'나 '왜 왔는지'를 말하는 게 아니라, "지금 막 도착했어."라는 결과 중심의 표현입니다. 대표 문장인 **We just got back last night.** 역시 "어젯밤에 돌아왔어."라는 최종적인 도착의 의미에 초점이 있습니다.

반면, **come**은 '**to + 동사원형**'과 함께 쓰여 단순한 도착이 아니라 '무언가를 하러' 또는 '어떤 목적을 가지고' 오는 것을 강조합니다. 예를 들어 **I came here to meet my friend.** (친구를 만나러 왔어요.)는 어떤 장소에 온 이유나 목적을 전달하는 표현입니다. 또한, 서점에서 지인을 마주쳤을 때 **I just came here to buy a book.**(책 사러 왔어요.)이라고 말할 수 있는데, 이 역시 **come**과 '**to + 동사원형**'을 사용하여 '~하러 오다'라는 뉘앙스를 잘 나타내고 있습니다.

다음은 **get**이 '도착하다'의 의미로 자연스럽게 사용된 상황을 보여 주는 대화문입니다.

e.g. A: Sorry I'm late. Were you waiting long?
늦어서 미안. 오래 기다렸어?

B: No, no. I just **got** here a couple minutes ago.
아니, 아니. 도착한 지 몇 분 안 됐어.

다음은 **come**과 '**to + 동사원형**'을 사용하여 파티에 다시 돌아온 목적을 자연스럽게 표현하는 대화문입니다.

e.g. A: Hey, Daniel, I thought you left.
어, 다니엘, 네가 간 줄 알았어.

B: I did. I just **came** back **to get** my umbrella.
그랬는데. 우산 가지러 다시 왔어.

DAY | 14　GET ⑥

I don't get why she's so upset.
그녀가 왜 그렇게 화가 났는지 이해가 안 돼요.

김재우의 영어관찰일기

동사 **get**은 상황, 문제, 이유, 말의 뜻, 또는 상대의 의중을 '이해하다'라는 의미로도 자주 쓰입니다. 단순히 머리로 이해하는 것을 넘어서, 상대의 의도를 알아듣고 공감한다는 뉘앙스를 담고 있습니다. 예를 들어, 수업 중 원어민 선생님이 **Word choice is important. Understand?**(단어 선택이 중요해요. 알겠죠?)라고 말했을 때, 학생은 **I get that, but what would you like me to do?**(무슨 말인지는 알겠는데, 그럼 제가 어떻게 하면 좋을까요?)라고 대답할 수 있습니다. 이처럼 상대방의 말을 이해하고 받아들이는 맥락에서는 **get**을 사용하는 것이 자연스럽습니다.

MODEL EXAMPLES

1 A: I don't **get** this math problem.
　　이 수학 문제 이해가 안 돼요.

　　B: What don't you **get**?
　　어떤 부분이 이해가 안 되는데?

2 I don't **get** it. Can you explain it again?
　이해가 안 됩니다. 다시 한번 설명해 주시겠어요?

3 I totally **get** what you're saying.
　무슨 말인지 완전히 알겠습니다.

4 It took me a while, but I finally got the concept.
시간이 좀 걸렸지만, 결국 개념을 이해했다.

5 He gets me like no one else does.
그는 누구보다 나를 잘 안다.

SMALL TALK

1

It's Sarah's birthday. I need to get her flowers.
사라 생일이야. 꽃을 사 줘야 해.

Wait, I don't get it. You guys broke up.
잠깐만, 이해가 안 돼. 너희들 헤어졌잖아.

2

Another bad real estate policy?
또 말도 안 되는 부동산 정책을?

Yeah, this candidate just doesn't get it.
응, 이 후보는 상황 파악을 못하네.

Seriously! They always do the same thing.
정말! 맨날 똑같은 정책만 내.

Right. I don't get their logic.
맞아. 도대체 무슨 생각인지 모르겠어.

FURTHER STUDIES

오늘은 SMALL TALK 2에 나온 **seriously**라는 단어에 대해 학습하겠습니다. **seriously**는 다음 두 가지 용법으로 쓰입니다. 상황에 따라 전혀 다른 뉘앙스로 쓰일 수 있으니, 예문을 통해 자연스럽게 익혀 둡시다.

- 맞장구를 칠 때: '맞아.', '내 말이!'와 같은 의미로 상대의 말에 강하게 동의하거나 공감할 때 쓰입니다. **I know.**, **You're right.**, **Definitely.**, **That's true.** 등과 비슷한 의미입니다.

    e.g. A: This weather is so weird.
    날씨가 너무 이상해.

    B: Seriously. One day it's warm and sunny, and the next day it's cold and rainy.
    맞아. 하루는 따뜻하고 해가 났다가, 다음 날은 춥고 비 오고.

- 의문문의 형태일 때: '진짜?', '진심?', '정말로?'라는 의미로 상대의 말이 놀랍거나 믿기지 않을 때 쓰이며 **Really?**와 비슷한 의미입니다.

    e.g. A: I'm moving to the U.S. I got a job there.
    나 미국으로 가. 거기에 직장 구했거든.

    B: Seriously? Wow. Congratulations.
    정말? 와. 축하해.

DAY 15 — GET ⑦

I feel like my English is getting rusty.
제 영어 실력이 점점 녹슬고 있는 것 같아요.

김재우의 영어관찰일기

get은 형용사와 함께 쓰여 '상태의 변화'를 나타냅니다. 예를 들어, '지금 어둡다.'라는 말은 **It is dark now.**라고 하지만, '점점 어두워지고 있다.'는 **It's getting dark.**처럼 동사 **get**을 사용해 표현합니다. 물론 get 대신 **become**을 쓸 수도 있지만, 일상 대화에서는 **get**이 훨씬 더 자연스럽고 자주 쓰입니다. 예를 들어 **This room gets really hot in the summer.**(이 방은 여름에 정말 더워져요.)라는 문장은 지금 덥다는 뜻이 아니라 '여름이라는 특정 시기에 더운 상태로 변한다'는 의미를 전하고 있습니다.

MODEL EXAMPLES

1. It's getting colder these days.
   요즘 날씨가 더 추워지고 있다.

2. I always get nervous before a big exam.
   나는 중요한 시험 전에는 항상 긴장한다.

3. My throat got better after resting my voice for a while.
   한동안 목을 좀 쉬게 했더니 나아졌다.

4. The party got wild after two guys started fighting.
   두 남자가 싸우기 시작하면서 파티가 난장판이 되었다.

5 The area **got** really popular after that Netflix show was filmed there.
그 넷플릭스 드라마 촬영 이후로 그 지역이 정말 인기가 많아졌다.

SMALL TALK

1

How was dinner with your boss last night?
어젯밤에 상사랑 저녁 식사는 어땠어요?

It **got** awkward when he started talking about politics.
그가 정치 이야기를 시작하는 바람에 어색해졌어요.

2

I really like this apartment.
(부동산 중개인에게) 이 아파트 정말 마음에 듭니다.

That's good, but you should keep in mind that it **gets** a bit noisy at night with all the bars nearby.
좋습니다. 그런데 근처에 술집이 많아서 밤에는 좀 시끄러울 수 있다는 점은 염두에 두셔야 해요.

Oh, I'm glad you mentioned that. In that case, let's keep looking.
아, 알려 주셔서 감사합니다. 그렇다면, 계속 찾아보죠.

OK, I have some quieter places to show you.
네, 좀 더 조용한 곳을 보여 드릴게요.

FURTHER STUDIES

오늘은 SMALL TALK 1에 나온 **awkward**의 두 가지 주요 의미와 쓰임에 대해 알아보겠습니다. **awkward**는 문맥에 따라 다음과 같이 쓰입니다.

- 상황이 곤란하거나, 말투나 표현 방식이 어색하고 부자연스러울 때 사용됩니다.

    e.g. More often than not, I'm late for my appointments. That often puts me in **awkward** situations.
    나는 대체로 약속 시간에 늦는다. 그 때문에 자주 난처한 상황에 처한다.

    e.g. I don't think you should read any more articles from the *Economist*. All it does is make your English **awkward**.
    제가 볼 때 〈이코노미스트〉 기사를 더 읽는 건 좋지 않습니다. 당신의 영어를 어색하게 만들 뿐입니다.

- 다른 사람들과 자연스럽게 어울리지 못해 어색하고 민망한 경우에 사용됩니다.

    e.g. Many of my friends are socially **awkward**.
    내 친구들 중에는 사회성이 부족한 사람이 많아요.

    e.g. I always feel **awkward** at parties when I don't know anyone.
    아는 사람이 없는 파티에 가면(파티에 아는 사람이 없는 상황에서) 늘 어색하고 불편해요.

이처럼 **awkward**는 사람과 상황 모두에 활용되는 유용한 표현입니다.

DAY | 16   GET ⑧

I get a headache if I don't drink coffee.
커피를 안 마시면 두통이 생겨요.

김재우의 영어관찰일기

get 다음에 질병(전염병, 식중독, 만성 질환, 암 등)을 의미하는 명사가 오면, '어떠한 질병이나 질환에 걸리다'라는 의미가 됩니다. 예를 들어, 길거리에서 음식을 사 먹은 후 식중독에 걸렸다면, **I got food poisoning from a street stall.**이라고 표현할 수 있습니다. 지금 감기가 걸린 상태라면 **have a cold**를 사용해 표현하지만, "3월이면 늘 감기에 걸려."라고 하는 경우에는 **I always get a cold in March.**라고 합니다.

MODEL EXAMPLES

1. Some people **get** malaria when they travel to tropical countries.
   열대 지역으로 여행 가서 말라리아에 걸리는 사람들이 있다.

2. More and more young people **are getting** heart disease these days.
   요즘 심장병에 걸리는 젊은 사람들이 점점 늘고 있다.

3. If you don't cut down on sugar, you're going to **get** diabetes*.
   설탕 안 줄이면 당뇨병에 걸릴 거야.

   *diabetes: 당뇨병

4. My mom **got** cancer when I was in middle school.
   내가 중학교에 다닐 때 엄마가 암에 걸리셨다.

5 I try to read a lot so I won't **get** dementia* when I'm older.
나이 들어서 치매에 안 걸리려고 책을 많이 읽으려고 한다.

*dementia: 치매

SMALL TALK

1

🧑 I heard tomorrow's meeting got cancelled.
내일 회의가 취소됐다고 하더라.

🧑 Yeah, Bill **got** pneumonia* and he had to go to the hospital.
응, 빌이 폐렴에 걸려서 병원에 가야 했거든.

*pneumonia: 폐렴

2

🧑 Hey, are you feeling OK after the oysters yesterday?
저기, 어제 굴 먹고 괜찮아?

🧑 Yeah, I feel fine. Why?
응, 나는 괜찮아. 왜?

🧑 I think I **got** food poisoning. My stomach is messed up today.
식중독 걸린 것 같아. 오늘 속이 너무 안 좋아.

🧑 Oh, no. Sorry to hear that. Stay close to the toilet.
저런, 어떡해. 화장실 근처에 있어야겠다.

FURTHER STUDIES

오늘은 정관사 the의 용법 중 'the + 장소'가 하나의 개념적 공간을 나타내는 경우에 대해 알아보겠습니다. 정관사 the는 다양한 용법이 있지만, 특정 장소 명사 앞에 쓰면 어떤 한 장소를 지칭하는 것이 아니라, 사회적으로 통용되는 공간 개념을 가리키는 말이 됩니다.

SMALL TALK 1에는 **Bill got pneumonia and he had to go to the hospital.**이라는 문장이 나옵니다. **hospital** 앞에 정관사 **the**가 붙어 있는데, 이때의 **the**가 바로 이러한 용법에 해당합니다. 병원, 은행, 공항, 주유소, 쇼핑몰, 버스 정류장, 헬스장, 사무실과 같은 것을 하나의 '개념 덩어리'로 볼 때는 **the hospital, the bank, the airport, the gas station, the shopping mall, the bus stop, the gym, the office**와 같이 **the**를 써서 표현합니다. 이때는 '그 병원, 그 은행, 그 공항, 그 주유소, 그 쇼핑몰 …'이라는 뜻이 아니라, '병원, 은행, 공항, 주유소, 쇼핑몰 …'을 나타내는 하나의 개념 덩어리가 됩니다.

다음 예문을 통해 확인해 봅시다.

- e.g. I need to go to **the bank** after work.
  퇴근하고 은행에 들러야 해. ('그 은행'이 아니라, '은행'이라는 개념적 장소를 의미)

- e.g. I have an appointment at **the dentist**.
  치과에 예약이 있어. ('그 치과'가 아니라, '치과'라는 개념적 공간을 의미)

- e.g. I'm still in **the office**.
  아직 사무실에 있어. ('그 사무실'이 아니라 '회사'나 '직장' 같은 개념적 공간을 의미)

이처럼 영어에서는 병원, 은행, 치과, 사무실 등 특정 장소들을 사회적 기능을 지닌 개념 덩어리로 보고, '**the + 장소**' 형태로 표현합니다. 한국어에는 이런 개념적 표현이 따로 없어 다소 낯설게 느껴질 수 있지만, 이 원리를 이해하면 영어 회화나 독해가 훨씬 더 수월해질 것입니다.

DAY 17 — GET ⑨

I need to get these groceries home.
장 본 것을 집에 가져가야 해요.

김재우의 영어관찰일기

get이 「get + 목적어 + 부사구/전치사구」 형태로 쓰일 때는 '~를 …로 보내다, 전달하다, 이동시키다'라는 의미가 됩니다. 이때 get이 **deliver, send, bring, transport** 등과 다른 점은 보내고, 전달하고, 이동시키는 과정이나 행위보다 결과, 즉 '목적지에 도착하는' 것에 초점을 두거나, 무언가 급박한 상황인 느낌을 준다는 점입니다. 예를 들어, **How can I get to the station?**은 가는 방법이 아니라 도착 자체를 강조하는 표현입니다. MODEL EXAMPLES의 1번 문장은 서울에 사는 미국인이 여권 만료를 앞두고 서류들을 퀵서비스로 대사관에 보낸 상황에서 하는 말인데, 이처럼 무언가를 빠르게 보내는 상황에서는 **send**보다 **get**이 훨씬 자연스럽고 적절합니다.

MODEL EXAMPLES

1. I **got** my documents to the embassy right before my passport expired.
   여권이 만료되기 직전에 서류를 대사관에 보냈어요.

2. I need to **get** these forms to the HR department today.
   이 양식을 오늘 인사과로 보내야 해요.

3. How are we going to **get** this couch upstairs?
   이 소파 어떻게 위층으로 옮기지?

4 Can you **get** me to the Plaza Hotel for $7?
7달러에 플라자 호텔까지 좀 가 주실 수 있나요?

5 She's quite drunk. Could you make sure to **get** her home safely?
그녀가(여자 친구가) 꽤 취했습니다. 집까지 안전하게 데려다주실 수 있을까요?

SMALL TALK

Do you think we have time to get a coffee?
커피 한잔할 시간 될까?

No way. We need to **get** this food to the office before the meeting starts.
안 돼. 회의 시작하기 전에 사무실에 이 음식 가져가야 해.

What a crazy morning! I overslept.
정신없는 아침이야! 늦잠 자 버렸어.

Oh, I hate when I do that. What about the kids?
아, 난 늦잠 자 버리는 거 너무 싫은데. 애들은?

I somehow managed to **get** the kids to school on time.
어찌어찌해서 애들은 학교에 늦지 않게 등교시켰어.

Wow, you got extra sleep and no one was late. Perfect.
와, 잠도 더 자고 아무도 안 늦고. 환상적이네.

FURTHER STUDIES

오늘은 SMALL TALK 1에서 소개한 **No way.**라는 표현에 대해 학습하겠습니다. **No way.**는 강한 거절이나 부정, 혹은 놀라움을 나타내는 말로, 상황에 따라 다양한 감정을 담아 쓸 수 있는 표현입니다. 예문과 함께 익혀 두면 실제 회화에서 훨씬 자연스럽게 사용할 수 있습니다.

- 강한 거절이나 부정을 나타낼 때: '절대 안 돼.', '그럴 리가 없어.', '그럴 일은 없어.' 등의 의미로 쓰입니다.

    e.g. A: Why don't we move in with my parents for a while?
    당분간 우리 부모님 댁으로 들어가서 사는 건 어때?

    B: No way. Don't even joke about that.
    절대 안 돼. 농담이라도 그런 말 하지 마.

- 놀람이나 충격을 나타낼 때: '말도 안 돼!', '믿을 수 없어!' 등의 의미로 쓰입니다.

    e.g. A: It's snowing!
    눈 온다!

    B: No way!
    말도 안 돼!

    e.g. A: Kevin dumped me.
    케빈이 날 찼어.

    B: No way! Seriously?
    말도 안 돼! 진짜야?

DAY | 18

GET ⑩

This area doesn't get much sunshine.
이 동네는 햇빛이 잘 안 들어요.

김재우의 영어관찰일기

동사 get에는 독특하면서도 매우 자주 쓰이는 용법이 있습니다. 주로 장소(공간)나 사람을 주어로 하여 '식당이나 매장에 손님이 많이 오거나 오지 않는 경우', '어떤 장소에 눈이나 비가 많이 오거나 오지 않는 경우', '햇볕이 잘 들거나 들지 않는 경우', '사람이 전화나 메시지를 많이 받거나 받지 않는 경우' 등을 나타낼 수 있습니다. 넷플릭스 시리즈 〈스파이가 된 남자〉에서는 '복도 끝에는 사람이 잘 오지 않는다.'라는 의미로 **We don't get that many visitors down at the end of the hallway.**라는 대사가 나옵니다.

MODEL EXAMPLES

1. We **get** a lot of tourists in the summer.
   여름에는 관광객들이 이곳을 많이 찾아요.

2. She **gets** emails, texts, and phone calls all day and night.
   그녀는 밤낮 할 것 없이 이메일, 문자, 전화를 받습니다.

3. I heard San Diego hardly **gets** any snow, even in winter.
   들어 보니까 샌디에이고는 겨울에도 눈이 거의 안 온다고 하더라.

4. Even on the weekend we don't **get** much foot traffic* these days.
   요즘은 주말에도 찾는 사람이 많지 않아요.

   *foot traffic: 유동 인구(특히 상점 등의 근방을 오가는 사람의 규모)

5 My apartment faces the ocean, so we **get** a fresh sea breeze most days.
우리 아파트는 바다를 향하고 있어서, 거의 매일 시원한 바닷바람이 불어온다.

SMALL TALK

1

I was hoping to grow some herbs in the backyard.
뒤뜰에 허브를 키워 보고 싶었어요.

Just so you know, this neighborhood doesn't **get** much sunlight in the afternoon.
참고로 말씀드리자면, 이 동네는 오후에 햇볕이 잘 안 들어요.

2

Got any appointments today?
오늘 예약 있어?

Just one in the afternoon. Business has been slow lately.
오후에 하나밖에 없네. 요즘 경기가 좀 안 좋아.

But aren't there walk-ins*?
그치만 그냥 오는 손님들도 있지 않아?

*walk-in: 예약을 하지 않고 오는 손님

Nope. We don't **get** much foot traffic, even on Saturdays now.
없어. 발길 자체가 많지 않아. 요즘은 토요일조차도 말이야.

FURTHER STUDIES

동사 get은 sleep, rest, exercise, water, fresh air 등을 목적어로 써서 하나의 관용 표현을 이루기도 합니다. 피곤해 보이는 친구에게 You need to get some sleep.(잠 좀 자는 게 좋겠어.) 또는 You need to get some rest.(좀 쉬는 게 좋겠어.)라고 말할 수 있으며, 쉬지 않고 일하는 동료에게 You should get some fresh air.(바람 좀 쐬는 게 좋겠어요.)라고 할 수 있습니다.

다음 예문과 대화문을 통해 좀 더 익숙해지도록 연습합시다.

- e.g. Make sure you get enough water.
    (의사가 환자에게 하는 말) 꼭 물을 충분히 섭취하세요.

- e.g. A: What did the doctor say?
    의사 선생님이 뭐라고 하든?
    B: Same thing she always says: get some exercise and plenty of sleep...
    늘 똑같지 뭐. 운동 좀 하고, 잠 충분히 자라고….

- e.g. A: I can't focus. I've been staring at my screen for hours.
    집중이 안 돼. 몇 시간째 화면만 보고 있어.
    B: Go take a walk and get some fresh air.
    나가서 산책 좀 하면서 신선한 바람 좀 쐐.

DAY 19 GET

We got you a spot next to us.
당신의 자리를 우리 바로 옆 자리로 맡아 두었어요.

김재우의 영어관찰일기

get 동사는 「get + 사람 + 사물」의 4형식으로 쓰여 '~에게 …을 가져다주다, 구해 주다, 사다 주다'라는 의미를 나타냅니다. 전달되는 것은 문맥에 따라 물리적인 것일 수도 있고, 좀 더 광범위한 의미로는 무형의 기회나 혜택일 수도 있습니다. 예를 들어, **Could you get me a towel, please?**는 "수건 좀 가져다줄래?"라는 의미로, 실제 물건을 가져다주는 상황에서 하는 말입니다. 반면 **Hailey got me an internship at the design firm.**은 "헤일리가 나에게 디자인 회사의 인턴십 자리를 구해 줬어."라는 뜻으로, 인턴십이라는 기회나 혜택을 마련해 준 것을 의미합니다.

MODEL EXAMPLES

1. I got my dog a cake for his birthday.
   강아지 생일이라 케이크를 사 줬어.

2. Can I get you a cup of coffee?
   커피 한 잔 드릴까요?

3. I will get you a blanket.
   내가 담요 가져다줄게요.

4. I got you a tuna kimbap. I hope that's OK.
   참치김밥 사 왔어. 괜찮았으면 좋겠다.

5 Gabrielle got me a recommendation letter from the dean.
가브리엘이 학장님에게서 추천서를 받아다 주었다.

SMALL TALK

1

🧑 You got us tickets to the John Lee concert? How?
존 리 콘서트 표를 구해 왔다고? 어떻게?

🧑 A friend at work can't go, and she offered them to me.
회사 동료가 못 가서, 나한테 표를 줬어.

2

🧑 What did you do for your birthday last weekend?
지난 주말 네 생일에 뭐 했어?

🧑 My husband and I had cocktails at the Conrad Hotel.
남편이랑 같이 콘래드 호텔에 가서 칵테일 마셨어.

🧑 That sounds fun.
재미있었겠다.

🧑 They were fully booked, but the server managed to get us a booth with a view of the river.
예약이 다 찼었는데, 직원이 강이 보이는 자리를 마련해 줬어.

FURTHER STUDIES

오늘은 SMALL TALK 2에서 쓰인 전치사 **for**의 용법에 대해 학습하겠습니다. 크리스마스, 설날, 생일, 기념일, 휴가 등과 같은 표현 앞에 전치사 **for**를 쓰는 경우가 많은데, 이때의 **for**는 '~을 맞아서'라는 의미입니다. 반면, **on Christmas (day)**와 같이 **on**을 쓰면 크리스마스 '당일'의 의미가 됩니다. 다음의 다양한 예문들을 보면서 **for**의 어감과 용례, 그리고 **on**과의 차이점을 느껴 보시기 바랍니다.

- e.g. Why don't we go to Europe **for** Christmas this year?
  올해 크리스마스 때는 유럽에 가 보는 게 어때?

- e.g. What did you get your kids **for** Children's Day?
  아이들한테 어린이날 선물 뭐 해 줬어요?

- e.g. Do you have anything planned **for** this summer vacation?
  이번 여름 휴가 계획 잡았어요?

- e.g. What are you doing **for** Chuseok this year?
  이번 추석 때는 뭐해?

- e.g. We usually go to a nice omakase restaurant in mid-May **for** my wife's birthday, since she was born **on** May 5th.
  아내 생일이 5월 5일이라, 우리는 보통 5월 중순쯤에 그 기념으로 근사한 오마카세 식당에 가곤 해요.

- e.g. Let's go to Caribbean Bay **on** my birthday this year.
  올해 내 생일날에 캐리비안 베이 가자.

- e.g. We went to the aquarium **on** Children's Day.
  어린이날에 수족관에 다녀왔습니다.

DAY | 20   GET

I got my hair dyed yesterday.

어제 머리 염색했어요.

김재우의 영어관찰일기

get 동사는 「get + 목적어 + 과거분사(p.p.)」의 5형식 구조로 쓰여 '~을 …된 상태로 만들다'라는 의미를 가집니다. 이 구문은 특히 머리를 염색하거나, 물건을 수리하거나, 치아를 뽑는 것처럼 스스로 직접 하지 않고 다른 사람에게 맡겨서 어떤 일을 하게 할 때 자주 사용됩니다. 예를 들어, "핸드폰을 수리해야 해."는 **I need to get my phone fixed.**라고 표현하며, 여기서 **get my phone fixed**는 '핸드폰을 (누군가에게) 고치게 하다'라는 의미를 전달합니다.

MODEL EXAMPLES

1. I need to get my windshield replaced on my car.
   내 차의 앞 유리를 교체해야 한다.

2. I have to get my computer fixed.
   내 컴퓨터를 고쳐야 한다.

3. I need to get this document signed.
   이 서류에 사인을 받아야 한다.

4. I need to get my wisdom teeth removed next week.
   다음 주에 사랑니를 뽑아야 한다.

5. I got my taxes done by an accountant.
   회계사한테 맡겨서 세금 신고를 했다.

SMALL TALK

1

🧑 Can I **get** these pants hemmed* here after I buy them?
구매한 후에 여기서 바지 단 줄일 수 있나요?

*hem: (옷 등의) 단을 만들다[올리다]

👩 Of course. It should only take about thirty minutes.
물론이죠. 30분 정도밖에 안 걸릴 겁니다.

2

🧑 Your paper looks great to me. I didn't need to edit much.
제가 보기에는 리포트 정말 잘 쓰셨어요. 고칠 게 별로 없었어요.

👩 Really? I still feel like it's lacking some polish.
정말요? 저는 아직 좀 더 다듬어야 할 것 같거든요.

🧑 You can **get** it proofread by someone else, just to be sure I didn't miss anything.
제가 혹시 놓친 게 없는지 확인 차원에서 다른 분에게 교정 받는 것도 괜찮아요.

👩 Nah, I don't think that's necessary. I trust your judgment.
아뇨, 그럴 필요까진 없을 것 같아요. 선생님이 잘 판단해 주셨을 거라 믿어요.

FURTHER STUDIES

오늘은 전치사 **to**와 **for**의 용례 차이에 대해 살펴보겠습니다. SMALL TALK 2에는 **Your paper looks great to me.**(제가 보기에는 리포트 정말 잘 쓰셨어요.)라는 문장이 등장합니다. 여기서 '제가 보기에는'이라는 의미로 **to me**를 사용한 것이 핵심입니다. 같은 맥락에서, 상대의 제안에 대해 **That sounds great to me.**(나는 너무 좋아.)라고 말할 때도 **to me**가 쓰입니다. 반면, **I think it's too big for me.**(나한테는 너무 큰 것 같아.) 같은 문장에서는 **for me**를 씁니다. 그렇다면 언제 **to me**로 표현하고, 언제 **for me**로 표현할까요? 기준은 다음과 같습니다.

- **to me**: 판단을 하는 주체가 '나'일 때
- **for me**: 어떠한 행위나 상황의 영향을 받는 대상이 '나'일 때

예문을 통해 비교해 보겠습니다.

- e.g. That sounds like a better plan **to me**.
  내가 볼 땐 그게 더 나은 계획인 듯해. (계획에 대해 판단하는 주체가 '나')

- e.g. **To me**, the white one seems more comfortable.
  내가 볼 땐 흰색이 더 편할 듯해. (색상에 대해 판단하는 주체가 '나')

- e.g. That sounds like a perfect place **for you**.
  그곳은 너한테 너무 완벽한 곳인 것 같아. (특정 장소의 영향을 받는 대상이 '너')

- e.g. **For me**, working from home isn't an option.
  저에겐 재택근무는 불가능합니다. (상황의 영향을 받는 대상이 '나')

오늘 공부한 내용을 미드를 시청하거나 영자 신문 등을 읽을 때 적용해 보면 정확히 맞아 떨어지는 쾌감을 느끼실 것입니다.

DAY 21 — GET ⑬

How can I get my kids to eat vegetables?
어떻게 애들이 채소를 먹게 만들 수 있을까요?

김재우의 영어관찰일기

오늘 학습할 get 동사의 용법은 까다롭지만 반드시 알고 있어야 할 내용입니다. **get**은 「**get + 목적어 + to부정사**」의 형태로도 쓰이는데, 이때 목적어는 사람이 될 수도 있고, 사물이 될 수도 있습니다. 사람이 목적어일 때는 '상대를 **to** 이하의 행동을 하게 만들다'라는 의미이며, 사물이 목적어일 때는 '원래는 잘 안 되는 일이지만 **to** 이하의 상태나 동작이 가능하도록 만들다'라는 의미가 됩니다. 부정문에서 사용될 경우는 '아무리 ~하려 해도 안 된다'라는 의미가 됩니다.

MODEL EXAMPLES

1. How did you **get** your husband to quit smoking?
   어떻게 남편이 담배 끊게 만든 거야?

2. I can't **get** myself to wake up at a decent time.
   아무리 제시간에 일어나려고 해도 잘 안 돼요.

3. I can't **get** this desk to move.
   이 책상 옮기려고 해도 안 움직여요.

4. I can't **get** this grease to come off.
   이 기름때가 도무지 안 지워져요.

5 It took me forever to **get** the printer to work.
프린터 작동시키는 데 한참 걸렸어요.

SMALL TALK

> How am I going to finish all this work?
> (회사 동료에게) 이 많은 일을 어떻게 다 하죠?

> Just **get** a few random interns to do it for you.
> 인턴 중 아무나 몇 명에게 대신 맡겨 봐요.

> He scratched my car and just walked away like nothing happened.
> 그 사람이 내 차를 긁고는 아무 일 없었다는 것처럼 가 버렸지 뭐야.

> Seriously? That's not OK.
> 정말? 그러면 안 되지.

> I know, but I don't want to make a big deal out of it.
> 맞아, 근데 괜히 일을 크게 만들고 싶지 않아서.

> Still, you should **get** him to pay for the damages!
> 그래도 그 사람이 변상하게 만들어야지!

FURTHER STUDIES

오늘은 SMALL TALK 1에서 나온 **random**이라는 단어에 대해 학습하겠습니다. **random**이 형용사로 쓰일 경우 아래의 설명과 예문에서 보듯이 크게 두 가지 의미를 지닙니다. **random**은 한국어 뜻만으로는 영어 특유의 어감을 알아차리기 힘들기 때문에 다양한 예문을 통해서 감을 잡는 것이 중요합니다.

- '임의의, 무작위의'라는 의미로 상황이나 대상이 정해진 기준 없이 제멋대로거나 일정하지 않을 때 사용합니다.

    e.g. They close at **random** hours.
    그 가게는 아무 때나 문을 닫는다. (문 닫는 시간이 일정하지 않다.)

    e.g. I always see him with **random** girls.
    그 친구는 볼 때마다 다른 여자랑 있어.

    e.g. Some **random** guy was yelling on the subway.
    지하철에서 낯선 사람이 소리를 지르고 있었다.

- '뜬금없는, 황당한'이라는 의미로 맥락과 전혀 맞지 않거나 갑작스럽고 어색한 상황에 대해 말할 때 사용합니다. 이 경우의 **random**은 **weird**, **odd**, **unexpected**의 느낌과 비슷합니다.

    e.g. A: Did you know Sarah is a real estate agent now?
    사라가 지금 부동산 중개인 되었다는 거 알아?

    B: The girl from that K-pop group? That's **random**.
    그 걸 그룹 멤버? 정말 뜬금없네.

MAKE ①

DAY | 22

I can make you steamed galbi, if you want.

갈비찜 먹고 싶으면 내가 해 줄게요.

김재우의 영어관찰일기

동사 **make**는 「make + 간접목적어(사람) + 직접목적어(사물)」 형태의 4형식 문형을 이루어 '~에게 …을 만들어 주다, 해 주다'라는 의미로 쓰입니다. 직접목적어 자리에는 일반적인 사물이 오기도 하고, 먹을 것이나 마실 것과 같은 음식이 오기도 합니다. 예를 들어 남자 친구가 스파게티를 해 줬다면 **He made me spaghetti for dinner last night.**(어젯 밤에 그가 저녁으로 스파게티를 만들어 줬어요.)라고 할 수 있습니다. 한 가지 알아 둬야 할 것은 「make + 목적어 + for + 사람」의 3형식 문형도 문법적으로는 맞지만, 오늘 학습하는 4형식 문형의 활용 빈도가 훨씬 더 높다는 점입니다.

MODEL EXAMPLES

1. My wife **made** me this scarf.
   아내가 이 목도리를 만들어 줬어요.

2. My boyfriend **made** me a bracelet from string.
   남자 친구가 끈을 이용해서 팔찌를 만들어 줬어요.

3. I can **make** you tea, if you'd like.
   원하시면 차 한 잔 타 드릴게요.

4. My school teacher would **make** us cookies for Christmas.
   우리 학교 선생님은 크리스마스 때 우리들에게 쿠키를 만들어 주시곤 했다.

5 Let me **make** you something to eat.
뭐 먹을 것 좀 만들어 줄게.

SMALL TALK

1

🙍‍♀️ Check out my new mug. That's my dog, Bobo.
내 새 머그잔 한번 봐 봐. (머그잔에 새겨진) 이건 내 강아지 보보야.

🙍‍♂️ Oh, that's nice. My sister **made** me a personalized mug one time.
오, 멋지다. 내 여동생도 예전에 맞춤형 머그잔 만들어 줬는데.

2

🙍‍♂️ Have you seen this YouTube channel?
이 유튜브 채널 본 적 있니?

🙍‍♂️ Oh, is that that Canadian-Korean couple? Yeah, I love that channel.
아, 이게 그 캐나다인이랑 한국인 부부 채널이지? 응, 이 채널 너무 좋아.

🙍‍♂️ The Canadian mother-in-law **makes** them Korean food all the time. My own mom doesn't even do that for me!
캐나다인 장모님이 늘 이들 부부에게 한국 음식을 해 주시잖아. 우리 엄마도 나한테 그렇게 안 해 주시는데!

🙍‍♂️ I know, she's so kind and thoughtful.
그러게, 진짜 다정하고 배려심도 넘치셔.

FURTHER STUDIES

오늘은 SMALL TALK 2의 내용과 연결 지을 수 있는 요리와 관련된 표현을 학습하겠습니다. 우선, 요리를 잘한다는 말은 **He is a good cook.**과 같이 **cook**을 '요리하는 사람'이라는 뜻의 명사로 써서 표현할 수 있습니다. 만약 자신이 요리를 너무 못한다면 **I am a terrible cook.** 또는 **I'm terrible at cooking.**이라고 표현하면 됩니다. 요리를 꽤 한다고 말하고 싶다면 **decent**(꽤 괜찮은, 준수한)라는 단어를 써서 **I consider myself a decent cook.**(저는 제가 요리를 꽤 한다고 생각해요.)으로 표현할 수 있습니다. 상대방에게 "자신이 요리 잘한다고 생각하나요?"라고 물을 때는 **Do you consider yourself a good cook?**이라고 합니다. 다음에서 **cook**이 명사와 동사로 활용된 예문을 살펴보겠습니다.

- e.g. My uncle served as a **cook** in World War II.
  저희 삼촌은 제2차 세계 대전 때 취사병으로 복무했습니다.

- e.g. I don't **cook** much because it's cheaper to go out and eat than to **cook** for one person.
  혼자 먹으려고 요리하는 것보다 외식하는 게 더 싸서 요리를 잘 안 해요.

- e.g. I don't **cook** at all. It's not my thing.
  저는 요리를 전혀 안 해요. 저랑은 안 맞아요.

- e.g. Women love a man that can **cook**.
  여자들은 요리할 줄 아는 남자를 좋아한다.

DAY 23 | MAKE ②

Having children has made me a better husband.

아이들이 생긴 후 제가 더 좋은 남편이 되었어요.

김재우의 영어관찰일기

동사 make가 「상황/사물 주어 + make + 목적어 + 목적보어(명사)」 형태로 쓰이면 '주어'가 '목적어'를 '목적보어'로 만든다는 말입니다. 이는 원어민들이 밥 먹듯이 쓰는 구문으로, 주로 '~ 때문에/~ 덕분에/~을 계기로 …가 되다'로 해석합니다. 예를 들어 "이 기능 때문에 이 앱은 필수예요."라고 하려면 **This feature makes the app a must-have.**라고 표현하면 됩니다.

MODEL EXAMPLES

1. The pandemic made online learning the new norm.
   팬데믹(코로나)으로 온라인 학습이 새로운 표준이 되었다.

2. The author's insight makes this book a must-read.
   이 작가의 통찰력 때문에 이 책은 필독서이다.

3. Losing his business made him a stronger person.
   사업에 실패하고 나서 그는 더 강한 사람이 되었다.

4. Competing with my older brother made me a better athlete.
   (프로 선수의 말) 형과의 경쟁이 저를 더 좋은 선수가 되게 했습니다.

5 The restaurants alone make New York City the top city among tourists.
뉴욕시는 식당만으로도 관광객들에게 가장 인기 있는 도시이다.

SMALL TALK

He's super easy to work with.
그 사람 같이 일하기 참 편해.

That alone makes him a good fit for our team.
그거 하나만으로도 우리 팀에 적임자지.

I'm thinking of getting the Pro model.
프로 모델 살까 싶어.

It's more expensive, though.
근데 좀 더 비싸잖아.

True, but the battery life makes it a better choice for me.
그렇긴 하지만, 배터리 수명 때문에 나한테 더 나은 선택이거든.

Yeah, especially if you're on your phone all day…
그래, 특히 넌 하루 종일 핸드폰을 하니….

FURTHER STUDIES

오늘은 조금 특별한 **to부정사**의 쓰임을 살펴보겠습니다. SMALL TALK 1에는 다음 문장이 나옵니다.

- He's super easy to work with.
  그 사람 같이 일하기 참 편해.

이 표현은 형용사 **easy** 뒤에 **to work with**가 이어진 형태입니다. 여기서 **to work**는 **to부정사**이고 **with**는 전치사이며, 문장의 주어 **he**는 의미상으로 함께 일하는 대상, 즉 **to work with**의 목적어 역할을 합니다. 물론 **It is super easy to work with him.**이라고 해도 똑같은 뜻을 전달합니다. 다만, **What is he like as a coworker?**(그 사람 동료로서 어때?)라고 물었다면 '그 사람'에게 초점을 맞추고 있기 때문에 주어로 **it**보다는 **he**를 써서 **He is easy to work with.**라고 하는 것이 적절합니다.

이와 같은 **to부정사**의 용례는 무수히 많으며 그중 대표적인 몇 가지를 소개합니다.

- e.g. He is irritating **to work** with.
  그 사람 같이 일하기에 너무 짜증 나는 스타일이야.

- e.g. I'm not much fun **to drink** with.
  저랑 술 마시면 재미없을 텐데요.

- e.g. Curly hair is difficult **to style**.
  곱슬머리는 스타일링하기 어렵다.

- e.g. Long hair takes a while **to dry**.
  긴 머리는 말리는 데 한참 걸린다.

- e.g. Taxis are hard **to find** around Gangnam Station Friday night.
  금요일 밤에는 강남역 근처에서 택시 잡기 힘들다.

DAY | 24 MAKE ③

I made myself go to the gym today.
오늘 억지로 운동하러 갔어요.

김재우의 영어관찰일기

동사 make는 「make + 사람 + 동사원형」 형태의 5형식 구문을 이루어 '~로 하여금 강제로 …하게 만들다[시키다]'라는 의미로 쓰입니다. SMALL TALK 2에서처럼 한 남성이 커플 티를 입고 있는 상황에서 친구들이 여자 친구가 입게 하는 거냐고 묻자, "여자 친구가 입으라고 시키는 게 아니야."라고 할 때 **She doesn't make me wear them.**으로 표현합니다. 대표 문장인 **I made myself go to the gym today.**의 경우 목적어 자리에 재귀대명사인 **myself**가 왔는데, 직역하면 '나 스스로를 헬스장에 가게 만들었다.'라는 말입니다. 즉, 가기 싫은데 억지로 갔다는 의미가 됩니다. 일상에서 자주 쓰는 구문이니 꼭 입에 붙입시다.

MODEL EXAMPLES

1. You can't **make** me go.
   (여름 캠프에 가기 싫은 아들이 하는 말) 엄마가 저를 강제로 보낼 순 없어요.

2. They can't **make** you stay at the office until 11 p.m.
   (야근을 수시로 하는 친구에게 하는 말) 회사가 너를 밤 11시까지 사무실에 붙잡아 둘 수는 없어.

3. My parents **made** me study too much, so I don't **make** my children do anything.
   부모님이 저를 너무 공부시키셔서, 저는 제 아이들에게 아무것도 시키지 않아요.

4 My husband **made** me carry all the bags by myself.
남편이 저 혼자 그 많은 가방을 들고 가게 했어요.

5 Mom **made** me finish my vegetables.
(채소를 잘 안 먹는 아이의 말) 엄마가 채소를 다 먹게 했어요.

SMALL TALK

Good morning, Michelle. How's work going?
안녕, 미셸. 회사는 어때?

It's tough. My boss **makes** me upload new online video content every week.
힘들어. 상사가 매주 새로운 온라인 영상을 업로드하라고 해.

Your girlfriend **is** already **making** you wear matching outfits*?
네 여자 친구가 벌써 커플 룩 입게 하는 거야?

　　　　　　　　*matching outfit: 서로 잘 어울리는 옷차림, 커플 룩, 맞춰 입은 옷

She doesn't **make** me wear them. I want to.
여자 친구가 입으라고 시키는 게 아니야. 내가 입고 싶은 거야.

You guys have been dating for less than a week. Isn't that a little fast?
만난 지 일주일도 안 됐잖아? 좀 빠르지 않아?

Depends on the couple, I guess. We like it.
커플마다 다를 듯. 우리는 좋은데.

FURTHER STUDIES

오늘은 '~로 하여금 …하게 만들다'라는 뜻으로 쓰이는 세 가지 동사의 차이점에 대해 학습하겠습니다.

- **make + 사람 + 동사원형**: ~를 강제로[강하게] 밀어붙여서 …하게 만들다
- **get + 사람/사물 + to부정사**: ~를 설득하거나 회유하여 …하게 만들다
- **have + 사람 + 동사원형**: ~로 하여금 …하도록 하다

make의 어감이 가장 강하며, **get**은 **make**보다는 어감이 약하고, **have**는 중립적으로 들린다는 점을 기억합시다.

각각에 해당하는 예문들도 살펴보겠습니다.

e.g. Back when we were kids, my brother **made me clean** his room—for ten years!
어렸을 때 우리 형이 나한테 자기 방 청소를 시켰어. 무려 10년 동안이나!

e.g. My parents **made me walk** to school when I was a kid.
부모님은 내가 어릴 때 학교까지 걸어가게 하셨어.

e.g. I **got the airline to upgrade** my seat to first class.
(갑자기 골절상을 당한 상황) 항공사에 부탁해서 일등석으로 업그레이드 받았어.

e.g. I **got Sarah to fill** in for me at work so I could take the day off.
회사 하루 쉬려고 사라한테 나 대신 근무해 달라고 했어.

e.g. My boss **had me go** out and pick up the coffee order before the meeting.
사장님이 내게 회의 전에 나가서 커피 주문한 거 받아 오라고 했어.

e.g. The teacher **had me pick** up the homework from the class.
선생님이 나에게 반 아이들 숙제를 걷어 오라고 하셨어.

DAY 25 | MAKE ④

Sitting in traffic makes me feel anxious.
교통 체증에 갇혀 있으면 불안해져요.

김재우의 영어관찰일기

make 동사는 「주어(사람/사물/상황) + make + 목적어 + 목적보어(동사원형)」 형태의 5형식 구문으로 쓰여 '~를 …하게 만들다, …한 기분이 들게 하다'라는 의미를 갖기도 합니다. 대표 문장 Sitting in traffic makes me feel anxious.의 경우, 차가 막히는 상황을 주어(Sitting in traffic)로 사용한 예로, make 동사를 활용해 감정 반응(feel anxious)을 자연스럽게 표현하고 있습니다. 이처럼 동명사(Sitting)를 주어로 해서 make 구문을 사용하면 특정 상황이 미치는 영향을 묘사할 때 간결하면서도 원어민스럽게 표현할 수 있습니다.

MODEL EXAMPLES

1. Running usually **makes** me feel better.
   달리기를 하면 기분 전환이 된다.

2. You're **making** me feel terrible.
   너 때문에 내가 기분이 너무 안 좋거든.

3. My girlfriend is the only one who can **make** me laugh.
   나를 웃게 만들 수 있는 사람은 여자 친구뿐이다.

4. Horror movies **make** me laugh. I don't know why.
   공포 영화를 보면 웃게 된다. 이유는 모르겠지만.

5 My surgery **made** me realize how important health is.
수술을 받아 보니 건강이 얼마나 중요한지 알겠더라.

SMALL TALK

Did talking to your husband help at all?
남편에게 이야기한 게 (기분이 풀리는 데) 도움이 되던가요?

Not really. Venting* didn't **make** me feel any better.
그렇지도 않아요. 화를 쏟아 냈는데도 기분이 나아지지 않더라고요.

*vent: (감정·분통을) 터뜨리다

How's freelance life going so far?
지금까지의 프리랜서 생활은 어때요?

It's going OK, but I miss the steady paycheck sometimes.
나쁘진 않지만, 그래도 가끔씩은 안정적인 급여가 생각나요.

I get that.
그 마음 알아요.

Working for myself **made** me realize that unreliable income can **make** you feel insecure.
혼자 일하다 보니 수입이 들쭉날쭉하면 마음이 불안해질 수 있다는 걸 알겠더라고요.

FURTHER STUDIES

오늘은 MODEL EXAMPLES 4번의 내용과 연결 지을 수 있는 영화 관람과 관련된 표현을 학습하겠습니다. '영화를 보러 가다'라고 할 때는 **see a movie**라고 하거나 **go to the movies**와 같은 관용적인 표현을 쓰게 됩니다. 이때 **the movies**는 여러 편의 영화를 가리키는 것이 아니라 '영화관'을 통칭하는 표현입니다. 영화관에서는 대부분 여러 편의 영화가 동시에 상영되므로 이와 같은 복수형 표현이 관용적으로 굳어진 것입니다.

영화관에 가서 영화 보는 사람을 **movie-goer**라고 하고, 영화관에 가서 영화를 볼 때는 **see a movie**라고 하지만, 집에서 넷플릭스나 유튜브 등으로 영화를 볼 때는 **see** 대신 **watch**를 써서 **watch a movie, watch Netflix**로 표현한다는 점도 알아 둡시다.

다음은 영화 관람과 관련된 다양한 예문들입니다.

- e.g. People don't **go to the movies** that often anymore.
  요즘에는 사람들이 영화관에 그렇게 많이 안 간다.

- e.g. A: Do you want to **go see a movie**?
  영화 보러 갈래?
  B: That sounds fun. Do you know what's playing?
  재미있겠다. 영화 어떤 거 상영 중인지 알아?

- e.g. The new Marvel movie just came out. Do you wanna **see** it with me?
  마블 영화 신작이 얼마 전에 개봉했어. 같이 보러 갈래?

- e.g. I'm not much of a **movie-goer***. I usually just stick to YouTube.
  저는 극장에 가서 영화를 그렇게 즐기는 타입은 아니에요. 전 주로 유튜브만 봐요.

  *not much of a + 명사: '~을 그렇게 즐기는 스타일의 사람이 아닌'이라는 뜻의 관용어구

DAY 26 MAKE ⑤

They made it to the finals.

그 팀이 결승에 진출했어요.

김재우의 영어관찰일기

동사 **make**와 대명사 **it**이 결합된 **make it**은 널리 쓰이는 관용 표현으로, 주로 다음과 같은 상황에서 사용합니다. 첫 번째로, 어려움이나 방해 요소가 있음에도 불구하고 어떤 장소에 도착하거나, 바쁜 일정이나 여건 속에서도 약속이나 행사에 참석할 때 쓰입니다. 두 번째로, 쉽지 않은 여건 속에서 어떤 일을 결국 해내거나 성공할 때도 자주 사용됩니다. **make it**만 써도 의미가 전달되고, 「**make it to + 명사**」 형태로도 활용됩니다. **make it**의 이 두 가지 표현 방식을 잘 익혀 두면 다양한 상황에서 자연스럽게 활용할 수 있습니다.

MODEL EXAMPLES

1. Hey, guys. I don't think I can **make it** to lunch.
   얘들아, 안녕. (오늘) 점심 식사에 못 갈 것 같아.

2. We're having a party tomorrow; do you think you can **make it**?
   우리 내일 파티하는데, 올 수 있겠니?

3. I barely **made it** to the airport on time, only to have my flight delayed.
   공항에 간신히 제시간에 도착했더니 비행기가 지연(연착)되었다.

4. I get irritable on days when I can't **make it** to the gym.
   헬스장에 못 가는 날이면 예민해진다.

5. We couldn't **make it** to the next round.
   우리 팀이 다음 라운드 진출에 실패했다.

SMALL TALK

1

- Baskin-Robbins closes in ten minutes.
  배스킨라빈스가 10분 있으면 문 닫아.
- Do you think we can **make it** there in time?
  늦지 않게 도착할 수 있을까?

2

- How's it going, Mina?
  미나야, 오늘은 좀 어때?
- Not too bad, thanks. How about you?
  나쁘지 않아, 고마워. 너는?
- Pretty good! Do you think you can **make it** this weekend?
  좋아! 이번 주말에 올 수 있겠니?
- I'll try my best! What time are we meeting, by the way?
  최선을 다해 볼게! 그나저나 몇 시에 만나지?

FURTHER STUDIES

make it은 관용적으로 빈번하게 쓰임에도 불구하고 한국 학습자들이 자연스럽게 사용하기는 힘든 표현 중에 하나입니다. 하지만 활용도가 높은 표현인 만큼 좀 더 다양한 예문을 통해 입에 붙여 보도록 하겠습니다.

- e.g. If you keep practicing, you'll **make it** as a great musician.
  꾸준히 연습하면 훌륭한 음악가가 될 거야.

- e.g. His name didn't **make it** onto the final list.
  그의 이름이 최종 명단에 오르지 못했다.

- e.g. Only the best students **make it** into this university.
  최고의 학생들만이 이 대학에 들어갈 수 있다.
  → '학교에 입학하다'라고 할 때 「get into + 학교」로 표현하는 것을 떠올리면, 위 문장에서 **make it to**를 변형하여 **make it into**로 쓴 것을 이해할 수 있습니다.

- e.g. I was thinking of quitting every week. I'm so glad I kept studying, and that I **made it** to the end of the semester.
  (미국 유학 생활 이야기) 매주 포기할까 생각했어요. 그래도 학업을 계속해서 학기 말까지 버틴 게 너무 기쁩니다.

- e.g. The conference is a little over two weeks away, and we need to verify our guest list. Please respond and let me know ASAP* if you CANNOT **make it**.
  회의가 2주 조금 더 남아서 참석자 명단을 확인해야 합니다. 참석이 어려울 경우 가급적 빨리 회신 주시기 바랍니다.

*ASAP: 즉각, 즉시(= as soon as possible)

DAY 27 — MAKE ⑥

Those two would make a great couple.
그 둘은 정말 잘 어울리는 커플이 될 것 같아요.

김재우의 영어관찰일기

동사 **make**에는 '~가 될 자질이 있다, ~이 될 조건을 갖추고 있다'라는 독특한 의미가 있습니다. "나중에 좋은 남편이 될 거예요."라는 말은 **You will make a good husband.** 라고 하는데, 이때의 **make**가 바로 '~가 될 자질을 가지고 있다'라는 뜻입니다. 사람뿐만 아니라 사물이 주어로 올 때도 많은데, **This piece of wood would make a great door.**(이 원목은 멋진 문을 만들 소재가 될 수 있다.)와 같은 문장이 그러한 경우입니다. 조금은 생소하지만 꼭 알아 두어야 할 **make**의 용법입니다.

MODEL EXAMPLES

1. Of course, you will **make** a good teacher.
   당연히, 당신은 좋은 선생님이 될 거예요.

2. He would **make** a great actor.
   그는 훌륭한 배우가 될 자질이 있어요.

3. You'll **make** a great coach.
   당신은 훌륭한 코치가 될 거예요.

4. This site will **make** an excellent refinery.
   이 부지는 훌륭한 정유소가 될 것이다(자리이다).

5. My grandma always used to tell me to learn to cook. Otherwise, I wouldn't **make** a good wife.
할머니는 늘 나한테 요리를 배우라고 하셨어요. 안 그러면 좋은 아내가 되지 못할 거라고요.

SMALL TALK

1

 I can't put this book down. It would **make** a great movie.
이 책 도저히 손에서 못 놓겠어. 영화로 만들면 멋질 듯해.

Really? What's it called? Maybe I'll check it out.
정말? 제목이 뭔데? 나도 한번 봐야겠다.

2

I want to practice my English listening more. Any suggestions?
영어 청취 연습을 좀 더 하고 싶어요. 뭐 추천해 주실 게 있나요?

Try watching *Heartstopper*. It'll **make** great listening material.
〈하트스토퍼〉를 한번 봐 보세요. 듣기 연습용 자료로 정말 좋아요.

Really? Why that show?
정말요? 왜 그 드라마를 추천하세요?

The language is natural and conversational—perfect for learners.
언어가 자연스럽고 대화체라, 학습자들에게 안성맞춤입니다.

FURTHER STUDIES

오늘은 SMALL TALK 2에서 나온 명사 **suggestion**에서 연상되는 동사 **suggest**와 **recommend**의 용례를 학습하겠습니다.

- **suggest**는 '~을 제안하다'라는 뜻으로 상대가 꼭 받아들이기를 바라는 마음을 담고 있기보다는 '이런 것도 있으니 한번 고려해 보세요.'라는 부드럽고 조심스러운 제안의 뉘앙스를 가집니다. 명령이나 강요보다는 선택지를 제시하는 느낌에 가깝습니다. 발리의 한 호텔에 머물고 있는 관광객이 프런트 직원에게 식당을 추천받은 상황에서, 일행에게 "직원들이 여러 군데를 추천해 주더라고."라고 말한다면 **They suggested a bunch of places to eat at the front desk.**라고 할 수 있습니다. 즉, 강하게 추천해 주는 느낌이라기보다는 이런저런 곳이 있다고 '알려 주는' 어감입니다.

- **recommend**의 경우 **suggest**에 비해 좀 더 강한 확신과 많은 경험을 바탕으로, 또는 전문가적 입장에서 추천, 권고, 제안을 할 때 쓰입니다. 면접을 앞둔 상황에서 지인에게 "뭐 입고 가면 좋을까요?"라고 물을 때는 **What do you suggest I wear?**라고 하는 반면, "면접에 뭐 입고 가야 해?"는 **What would you recommend I wear to the interview?**라고 하면 됩니다. **What do you suggest I wear?**는 '네가 여러 개 옵션을 말해 주면 내가 한번 생각해 보겠다'는 뉘앙스인데 반해, **What would you recommend I wear to the interview?**는 '네가 면접 경험이 많아서 뭘 입으면 좋을지 잘 알 테니, 추천해 주면 적극 고려하거나 그대로 입겠다'는 어감입니다.

DAY 28 TAKE ①

If we can't finish, we can take the leftovers home.

다 못 먹으면 남은 것을 집으로 가져가면 돼요.

김재우의 영어관찰일기

동사 **take**는 '가져가다, 데려가다'라는 기본 의미를 중심으로 다양한 상황에 쓰입니다. 예를 들어, 대표 문장인 If we can't finish, we can take the leftovers home.처럼 물건을 다른 장소로 옮길 때도 쓰이고, 사람이 목적어일 경우에는 '~를 …로 데려가다'라는 뜻이 됩니다. 이 기본 개념이 확장된 것이 MODEL EXAMPLES 5번에 나온 **The app takes 20% of my sales.** 같은 문장입니다. 이때의 **take**는 '자신의 것으로 취하다'라는 의미로, '수수료를 떼어 간다'라는 뜻으로 사용되었습니다. 이렇게 **take**는 물리적 이동뿐만 아니라 비유적·추상적 의미로도 폭넓게 활용되는 핵심 동사입니다.

MODEL EXAMPLES

1. Could you **take** this jacket to the dry cleaners for me?
   나 대신 이 재킷 세탁소에 좀 가져다줄래?

2. I **took** my son to school this morning.
   오늘 아침에 아들을 학교에 데려다줬어요.

3. You can **take** anything you want from the basket.
   바구니에서 원하는 거 아무거나 가져가도 돼.

4. I **took** two pieces of cake.
   제가 케이크 두 조각 가져갔어요.

5 It's free to upload music, but the app **takes** 20% of my sales.
음악 업로드는 무료인데, 앱에서 매출의 20%를 가져갑니다.

SMALL TALK

1

🙍‍♀️ Can I have some cookies?
과자 좀 먹어도 돼?

🙍‍♂️ Sure! **Take** as many as you want.
당연하지! 마음껏 가져가.

2

🙍‍♀️ I'm thinking of launching my first app.
내 첫 번째 앱을 출시할까 해.

🙍‍♂️ Just keep in mind, the app store **takes** 30% of each sale.
근데 앱 스토어가 매출 한 건당 30%를 떼어 간다는 점은 알아 둬.

🙍‍♀️ Really? That much?
정말? 그렇게 많이?

🙍‍♂️ Yeah, a lot of developers complain about it.
응, 그래서 많은 개발자들이 그걸 두고 불평해.

FURTHER STUDIES

오늘은 주문할 때 자주 사용되는 세 가지 동사 **get, have, take**의 용례와 어감에 대해 각각 알아보겠습니다.

- **get**: 가장 비격식적이고 광범위하게 사용됩니다.
- **have**: get에 비해 상대적으로 격식 있게 들리므로 좀 더 예의를 갖춘 느낌을 줍니다.
- **take**: 여러 개의 선택지 중에서 하나를 고르면서 '이걸로 하겠다'는 어감입니다.

아래 다양한 예문들을 통해 감을 잡아 보겠습니다.

- e.g. Can I **get** an Americano?
  아메리카노 한 잔 주시겠어요?

- e.g. Can I **get** some extra napkins?
  냅킨 좀 더 주시겠어요?

- e.g. Can I **get** a beer?
  맥주 한 잔 주실래요?

- e.g. I'll **have** the fish, please.
  (비행기에서) 생선으로 먹을게요.

- e.g. I'll **have** a black coffee.
  블랙커피로 마시겠습니다. (get보다 조금 더 격식 있게 들림)

- e.g. I'll **take** the chicken salad.
  치킨 샐러드로 할게요. (여러 개 중에 선택하는 느낌)

- e.g. I'll **take** a whisky on the rocks.
  위스키를 온더록스로 할게요. (여러 개의 선택지 중 하나를 고르는 느낌)

DAY | 29 TAKE ②

That kindergarten doesn't take kids under five.

그 유치원은 5세 미만 아동은 안 받아요.

김재우의 영어관찰일기

take는 목적어 자리에 '주문(예약), 결제 수단, 고객, 환자, 상품의 교환' 등에 해당하는 말이 오면 '허용하다, 받아들이다'라는 의미가 되며, 주로 서비스 업종이나 병원 등에서 자주 사용됩니다. 예를 들어 "그 식당은 신용 카드를 안 받아요."라는 말은 **They don't take credit cards.**라고 하며, "저희 식당은 9시 30분 이후에는 주방 마감입니다."라고 할 경우 **We don't take food orders after 9:30.**라고 합니다. 이렇듯 일상에서 쓸 일이 너무도 많은 **take**를 꼭 자신의 것으로 만들기를 바랍니다.

MODEL EXAMPLES

1. Sorry, we don't **take** walk-ins.
   죄송하지만 저희는 예약을 하지 않은 손님은 받지 않습니다.

2. We're not **taking** any new clients right now.
   (매장 직원의 말) 현재는 신규 고객을 받지 않습니다.

3. The restaurant doesn't **take** phone orders anymore.
   그 식당은 전화 주문은 더 이상 받지 않는다.

4. Some hospitals don't **take** your insurance.
   일부 병원은 네가 가입한 보험은 안 받아.

5 Do you **take** returns without a receipt?
영수증이 없어도 교환이 가능한가요?

SMALL TALK

Hi, I'd like to make a reservation for two this Friday.
안녕하세요, 이번 주 금요일에 두 명 예약하고 싶습니다.

Sorry, we don't **take** reservations by phone. You'll need to book a table online.
죄송한데, 전화로는 예약을 받지 않습니다. 온라인으로 자리를 예약해 주셔야 합니다.

What is your strategy to help the struggling economy?
(기자 회견에서 정부 관계자에게 질문하며) 어려운 경제를 살릴 전략이 뭔가요?

My team and I are working on a proposal that we will present very soon.
저와 저희 팀이 계획을 수립 중에 있으며 곧 발표할 겁니다.

Can you tell us about it now?
지금 이야기해 주실 수 있을까요?

I'm sorry. I can't **take** any more questions at this time.
죄송합니다. 지금은 추가 질문을 받을 수 없습니다.

FURTHER STUDIES

오늘은 DAY 18에서 나온 적이 있으며, 오늘 학습한 MODEL EXAMPLES에서도 소개된 **walk-in**이라는 표현에 대해 학습하겠습니다. 이 표현은 **walk in**이라는 동사구가 명사화된 것으로 **walk in**은 문자 그대로 '걸어서 들어가다'라는 뜻입니다. 따라서 여기서 파생된 **walk-in**은 '예약 없이 오는 손님'이나 '비예약 방문'을 뜻하게 되었으며, 주로 병원, 미용실, 식당 등과 같은 서비스 업종에서 자주 등장하는 표현입니다. 아래 다양한 예문들을 통해서 친숙해지도록 합시다.

- e.g. We're fully booked today, but we might be able to take a few **walk-ins**.
  오늘 예약이 다 차긴 했는데, 예약 없이 오는 손님 몇 분은 받을 수 있을 듯합니다.

- e.g. **Walk-ins** are welcome, but appointments are preferred.
  비예약 방문도 환영하지만, 예약을 하는 것이 더 좋습니다.

- e.g. Sorry, we don't accept **walk-ins**. You'll need to make an appointment.
  죄송하지만, 저희는 비예약 방문을 받지 않습니다. 미리 예약을 하셔야 합니다.

- e.g. The doctor only sees **walk-ins** between 9 and 11 a.m.
  선생님이 오전 9시에서 11시까지만 비예약 환자를 진료합니다.

다음 이야기 속에서 **walk-in**을 학습해 보겠습니다.

- e.g. For a couple years, I used to go to a popular salon for a particular stylist who did a good job. My work schedule was unpredictable, so I liked that she allowed **walk-ins**. Over time, though, I sensed that my stylist would prefer me to make reservations. I did my best to make a reservation from then on.
  나는 몇 년 동안 실력이 좋은 특정 디자이너 때문에 유명 미용실에 다녔다. 내 근무 스케줄이 일정하지 않아서, 이 디자이너가 예약 없이 방문해도 받아 주는 점이 마음에 들었다. 하지만 시간이 가면서, 디자이너가 내가 예약하는 걸 더 선호한다는 걸 느꼈다. 그래서 그때부터는 웬만하면 예약을 하려고 노력했다.

DAY 30 TAKE ③

Kevin doesn't take advice from anyone.
케빈은 누구의 충고도 듣지 않아요.

김재우의 영어관찰일기

이번에는 동사 **take**가 '제안, 도움, 충고, 기회, 초대 등을 받아들이다[응하다]'라는 의미로 쓰이는 경우를 살펴보겠습니다. 특히 구어체 영어에서 이 의미로 많이 사용되는데, 넷플릭스 시리즈 〈스파이가 된 남자〉에는 **I offered him a job, and he took it.**(제가 그에게 일을 제안했고, 그가 이를 수용했습니다.)이라는 대사가 나옵니다. '(제안을) 받아들이다'라는 의미로 사용된 **take**의 적절한 사례입니다.

MODEL EXAMPLES

1. I offered her a ride, and she **took** it.
   그녀에게 차를 태워 주겠다고 했더니, 좋다고 했다.

2. They **took** our suggestion and changed the schedule.
   그쪽에서 우리 제안을 수용해서 일정을 변경했습니다.

3. I didn't think my boss would actually **take** my advice, but he did!
   상사가 진짜로 내 조언을 들을 줄 몰랐는데, 받아들이더라고!

4. I'm sorry I have to quit so suddenly, but I need to **take** this opportunity.
   이렇게 갑자기 그만두게 되어 죄송합니다만, 이번 기회를 그냥 보낼 수가 없어서요.

5. If I don't **take** a chance now, it might be too late.
   (새로운 일을 시작하는 상황) 지금 모험을 하지 않으면, 너무 늦을 것 같아서요.

SMALL TALK

1

🧑 I don't want you to feel tight on money. **Take** this.
네가 돈이 궁한 게 싫단다. 받아 두렴.

🧑 Thanks, Dad... I really didn't want to ask, but I appreciate it.
고마워요, 아빠…. 진짜 부탁 안 하고 싶었는데, 감사해요.

2

🧑 I heard that Jane wants you on her team.
제인이 너를 자기 팀으로 데려가고 싶어 한다고 들었어.

🧑 Yeah, she discussed it with me over lunch on Monday.
응, 월요일에 점심 먹으면서 그 얘기 나눴어.

🧑 Are you going to **take** the spot?
그 자리를 맡을 거야?

🧑 I already did. I'm starting next week.
이미 맡았어. 다음 주부터 시작해.

FURTHER STUDIES

SMALL TALK 1에서 '돈이 궁하다'라는 의미로 **tight**라는 단어가 사용되었습니다. "요즘 돈이 좀 궁해."라는 말은 **Money is tight these days.**라고 할 수 있습니다. 이처럼 재정 상황과 관련된 여러 가지 영어 표현을 학습해 보겠습니다.

- '근근이 먹고산다'에 해당하는 표현으로는 **make ends meet**가 있습니다.

    > e.g. My brother can't **make ends meet**, so I'm going to lend him some money.
    > 내 동생이 생활이 어려워서 돈 좀 빌려줘야겠어요.

- '하루 벌어 하루 먹고산다'라는 의미로 **live paycheck to paycheck**라는 표현이 있으며, 원어민들이 즐겨 쓰는 표현 중 하나입니다.

    > e.g. My parents always **lived paycheck to paycheck**.
    > 우리 부모님은 늘 하루 벌어 하루 먹고사셨다.

- '월세 등이 밀리다'라는 말은 **be behind on**을 사용해 표현합니다. **on** 뒤에는 월세, 숙제, 업무 등 밀린 대상에 해당하는 것이 올 수 있습니다.

    > e.g. I'm three months **behind on** rent, so there's no way I can go with you to Europe.
    > 월세가 3개월이나 밀려서, 너랑 유럽에 가는 건 꿈도 못 꿔.

- '돈 나갈 데가 많다'라는 말은 **have a lot of bills to pay**라고 합니다.

    > e.g. I **have a lot of bills to pay** every month. It's impossible to save.
    > 매달 돈 나갈 데가 너무 많아요. 저축은 불가능해요.

DAY 31 TAKE ④

It takes a lot to make me angry.
전 좀처럼 화를 내지 않아요.

김재우의 영어관찰일기

동사 **take**는 어떤 일이 이루어지기 위해 시간, 돈, 노력, 인내, 경험, 신뢰 등과 같은 요소가 필요함을 나타낼 때도 쓰입니다. 즉, '~을 하려면 …이 필요하다'라는 의미로 자주 쓰이며, 어떤 결과를 얻기 위한 필요 조건을 강조합니다. 대표 문장인 **It takes a lot to make me angry.**를 직역하면 '나를 화나게 만들려면 많은 것이 필요하다.'이지만 실제 의미는 '나는 웬만해서는 화를 잘 안 낸다.'입니다. 이러한 의미로 **take**가 쓰인 흥미로운 관용 표현도 있는데 바로 **It takes two to tango.**입니다. 직역하면 '탱고를 추려면 두 명이 필요하다.'이지만, 실제 의미는 '갈등이나 문제에 있어 한쪽만의 책임은 없다.', 즉 '양쪽 모두 책임이 있다.'라고 할 때 자주 사용되는 표현입니다.

MODEL EXAMPLES

1. It **takes** a lot of discipline to stick to a diet.
   다이어트를 꾸준히 하려면 많은 절제가 필요하다.

2. It **takes** a lot of experience to feel comfortable underwater.
   (스쿠버 다이빙을 할 때) 물속에서 편안함을 느끼려면 많은 경험이 있어야 한다.

3. It **takes** a lot of trust to maintain a long-distance relationship.
   장거리 연애를 지속하려면 많은 믿음이 필요하다.

4. It doesn't **take** much to make a bad first impression.
   첫인상을 망치는 건 정말 순식간이다.

5. It **took** a lot of blood, sweat, and tears* to finish my book.
내 책을 마무리하기 위해서 정말 많은 노력을 했다.

*blood, sweat, and tears: 엄청난 노력

SMALL TALK

- It **takes** a great deal of effort to run a business.
  사업체를 운영하려면 많은 노력이 필요하지.

- That's true. You never get a day off as an entrepreneur.
  맞는 말이야. 사업가로 살면 하루도 쉴 수가 없으니까.

- The team's been doing so much better since Vincent took over.
  빈센트가 맡은 이후로 팀이 훨씬 잘하고 있어요.

- Seriously! Everyone seems more motivated now.
  맞아요! 이제 모두가 더욱 의욕이 있어 보여요.

- I really think he has what it **takes** to be a great leader.
  그는 훌륭한 리더가 될 자질이 확실히 있는 것 같아요.

- Agreed. He knows how to bring people together.
  동감입니다. 그는 사람들을 화합시키는 방법을 알고 있어요.

FURTHER STUDIES

오늘은 SMALL TALK 1에서 소개한 **a great deal of**라는 표현에 대해 학습하겠습니다. **a great deal of**는 '상당히 많은 양(a large amount)의'라는 의미의 관용 표현이며, **a lot of**와 비교해 조금 더 격식 있고 문어체적인 느낌을 줍니다. 그렇다고 해서 **a great deal of**를 격식을 갖춘 상황에서만 쓰는 것은 아니며 일상 대화에서도 자주 사용하는 것을 볼 수 있습니다.

다음 예문을 통해 **a great deal of**와 **a lot of**의 차이점을 살펴봅시다.

- e.g. He's in **a great deal of** pain.

  그 사람 지금 극심한 고통을 겪고 있습니다.

  → 사실을 묘사하는 느낌이 강하며 **a lot of**에 비해 아주 조금 더 격식을 차린 어감을 줍니다. 공감보다는 정보 전달에 가까운 느낌입니다.

- e.g. He's in **a lot of** pain.

  그 사람 지금 많이 아파요.

  → 좀 더 일상적인 대화체의 어감이 묻어나며, 상황에 감정이 이입된 느낌을 줍니다.

좀 더 다양한 예문을 통해 **a great deal of**에 대한 감을 확실히 잡아 봅시다.

- e.g. My mother had **a great deal of** wisdom.

  저희 어머니는 정말 지혜로운 분이셨어요.

- e.g. My cousin spent **a great deal of** time in Chile, so she speaks Spanish.

  제 사촌이 칠레에서 오래 생활을 해서 스페인어를 할 줄 알아요.

- e.g. A: We still need to hire another developer. Do you know anyone?

  우리 아직 개발자 한 명 더 채용해야 하는데, 아는 사람 있어?

  B: Yeah, actually. My cousin is a developer with **a great deal of** knowledge and experience.

  응, 있어. 내 사촌이 개발자인데 지식과 경험이 풍부해.

DAY | 32　TAKE ⑤

It took me months to finish reading that book.

그 책 다 읽는 데 몇 달이 걸렸어요.

김재우의 영어관찰일기

오늘 학습할 **take**는 '~하는 데 얼마의 시간이 걸리다, 노력이 들다'라는 의미로 쓰이며, 아래의 형태로 활용됩니다.

1. It takes + (사람) + 시간/노력 + (to부정사)
2. 주어 + take + (사람) + 시간/노력 + (to부정사)
3. How long does it take + 사람 + to부정사?

대표 문장인 **It took me months to finish reading that book.**은 이 중 1 문형입니다. 이 외에도 "수리하는 데 최소 일주일이 걸릴 것입니다."라고 하려면 **The repair will take at least a week.**라고 하면 되고, "제대로 하기 위해서 세 번이나 시도해야만 했어요."는 **It took me three tries to get it right.**으로 표현할 수 있습니다.

MODEL EXAMPLES

1. This book **took** me months to write.
   이 책을 쓰는 데 몇 달이 걸렸다.

2. This meal **took** me three or four hours to prepare.
   이 음식 준비하는 데 서너 시간이 걸렸다.

3 It only **takes** 30 minutes to walk to the river from my place.
우리 집에서 강까지 걸어서 가는 데 겨우 30분이 걸린다.

4 How long would it **take** you to save $1,000?
천 달러 모으는 데 얼마나 걸릴까?

5 It **took** me seven years, but I eventually graduated from college.
7년이 걸렸지만 나는 결국 대학을 졸업했다.

SMALL TALK

1

Why don't you just buy a scarf? Knitting is a waste of time.
그냥 목도리 하나 사지 그래? (직접) 뜨개질하는 건 시간 낭비잖아.

It's true that knitting a scarf **takes** me hours, but it's so relaxing.
목도리 뜨는 데 몇 시간이 걸리는 건 맞아. 하지만 마음이 정말 편안해져.

2

Did you hear they're putting air conditioners in the elevators?
엘리베이터에 에어컨 설치한다는 거 들었어요?

Yeah, just in time! It gets so stuffy in there during summer.
네, 여름에 딱 맞춰서요! 여름에는 엘리베이터 안이 너무 숨 막혀요.

Seriously. Last year was unbearable.
맞아요. 작년에는 너무 힘들더군요.

I can't believe it **took** them this long.
이게 이렇게 오래 걸릴 일인가 싶어요.

FURTHER STUDIES

오늘은 SMALL TALK 1에서 나온 **relaxing**이라는 단어에서 연상되는 마음, 심리 상태, 그리고 스트레스와 관련된 표현들을 학습하겠습니다.

- **relaxing**은 '마음을 느긋하게 해 주는, 편한'이라는 의미로, 비슷한 말로 **calming**이 있고, **at ease** 역시 심리적으로 편안한 상태를 나타냅니다.

  - e.g. Some say painting is a **relaxing** hobby.
    그림 그리기가 마음이 편해지는 취미라고들 한다.
  - e.g. Talking to him is very **calming**.
    그 사람이랑 이야기하면 마음이 편해진다.
  - e.g. Working on the farm is demanding, but it puts me **at ease** to work with my hands.
    농장에서 일하는 건 힘들지만, 육체노동을 하면 마음이 편하다.

- 스트레스가 없는 상태나 스트레스를 줄여 주는 것을 나타낼 때는 **stress-free**, **stress reliever**, **help (to) ease stress** 등으로 표현합니다.

  - e.g. Today was pretty **stress-free**. No issues at all.
    오늘은 대체로 스트레스 없는 하루였어. 별다른 이슈가 없었거든.
  - e.g. Playing the drums is a **stress reliever** for me.
    나는 드럼을 치면 스트레스가 풀린다.
  - e.g. Some chamomile tea can **help ease your stress**.
    캐모마일 차는 스트레스를 완화하는 데 도움이 된다.

- '~이 …에게 큰 스트레스를 준다'는 「주어(원인) + stress + 사람 + out」으로 표현합니다.

  - e.g. Watching you walk around the house all day **stresses** me **out**. Please sit down and relax for a while.
    (엄마가 자녀에게 하는 말) 네가 하루 종일 집 안을 그렇게 계속 돌아다니는 걸 보니까 정신 없다. 좀 앉아서 차분하게 있으렴.

DAY | 33　TAKE ⑥

She didn't take it well.
그녀가 기분 상해하더군요.

김재우의 영어관찰일기

take는 '무엇을 어떤 식으로 받아들이다' 또는 '상황에 감정적·정신적으로 반응하다'라는 의미로도 자주 쓰입니다. 예를 들어, 대표 문장인 **She didn't take it well.**은 타 부서로 발령이 난 상황을 긍정적으로 받아들이지 못하는 사람을 보고 할 수 있는 말입니다. 이러한 용법의 take는 주로 두 가지 구조로 쓰입니다. 「take + 목적어 + 부사」와 「take + 목적어 + as + 명사」입니다. 예를 들어, **Don't take it seriously.**는 "너무 심각하게 받아들이지 마."라는 뜻이고, **She took what I said as an insult.**은 "그녀는 내 말을 모욕으로 받아들였어요."라는 의미입니다.

MODEL EXAMPLES

1. I'll **take** that as a compliment.
   칭찬으로 받아들일게.

2. My son failed his test, and he's **taking** it really hard.
   아들이 시험에 떨어졌는데, 그 일로 몹시 힘들어하고 있어요.

3. Tara learned she needs major surgery. She **took** the news pretty well, though.
   타라는 큰 수술이 필요하다는 사실을 알게 됐어요. 그래도 그 소식을 꽤 담담하게 받아들였어요.

4 Depression cannot **be taken** lightly.
우울증은 가볍게 볼 것이 아니다.

5 It doesn't seem like you**'re taking** your health seriously.
당신은 자신의 건강을 대수롭지 않게 생각하시는 듯하네요.

SMALL TALK

1

What's wrong with Steve?
스티브 왜 저래?

Internet trolls. He **takes** YouTube comments so personally.
악플러들 때문이지 뭐. 그는 유튜브 댓글에 아주 민감하거든.

2

So, Jack, how do you like living in Seoul so far?
그래서, 잭, 지금까지 서울에서 살아 보니 어때요?

Not great. My new job is really stressful.
그렇게 좋지는 않아요. 새로운 직장이 스트레스가 정말 심해요.

You have kids, right? They probably had to change schools.
자녀가 있으시죠? 아마 전학도 해야 했겠네요.

Right, but they**'re taking** the move better than me. They already have new friends.
맞아요, 그래도 애들은 오히려 저보다 이사에 더 잘 적응하고 있어요. 벌써 새 친구들도 생긴걸요.

FURTHER STUDIES

오늘은 SMALL TALK 2에서 소개한 **How do you like ~?**라는 표현에 대해 학습하겠습니다. 이 표현은 「**How do[did] you like + 명사?**」 또는 「**How do[did] you like + 동명사?**」의 두 가지 형태로 쓰이며, '~이 마음에 들어?', '~이 재미있어?', '~이 좋아?' 정도의 의미입니다. 상대방이 어떤 것에 대해 좋아하고 만족했을 거라는 기대나 짐작을 담아 묻는 표현으로, 새로 이사한 집, 방금 본 영화, 처음 먹어 본 음식 등에 대해 상대의 반응을 물을 때 자주 쓰입니다. 아래 예문들을 통해 실제 상황에서의 어감과 용례를 익혀 봅시다.

- e.g. **How did you like** the movie?
  영화 어땠어? (재미있었지?)

- e.g. **How do you like** your food?
  음식 어때? (괜찮지?)

- e.g. **How do you like** making YouTube videos?
  유튜브 영상 만드는 거 재미있어요?

- e.g. **How did you like** London?
  (유럽 여행에서 돌아온 친구에게) 런던은 좋았어?

- e.g. A: **How do you like** retirement, Jack?
  잭, 은퇴 생활은 어때요?

  B: It's better than working, but more boring than I expected.
  일하는 것보단 낫긴 한데, 예상했던 것보다 훨씬 지루하네요.

DAY 34 DO

I do a lot of admin work at my job.
저는 회사에서 일반 행정 업무를 많이 해요.

김재우의 영어관찰일기

동사 **do**는 여기저기 쓰이지 않는 곳이 없을 정도로 범용성이 뛰어납니다. 가장 기본적인 예로 **do homework**처럼 '숙제를 하다'라는 표현이 있고, 그 외에도 **do the laundry, do the dishes, do the cleaning**처럼 '세탁, 설거지, 청소'를 할 때도 자주 사용됩니다. 뿐만 아니라 **do sit-ups, do push-ups, do cardio, do squats** 등 운동이나 신체 활동을 나타낼 때도 자연스럽게 활용됩니다. 이처럼 **do**는 '어떤 행위나 활동을 수행하다'라는 의미를 기본으로 하여 일상생활 전반에 걸쳐 매우 다양하게 쓰이는 핵심 동사입니다.

MODEL EXAMPLES

1. I **do** flying yoga on weekends.
   나는 주말에 플라잉 요가를 한다.

2. My wife spends an hour **doing** her hair in the morning.
   제 아내는 아침에 한 시간씩 머리를 손질해요.

3. Let me **do** a quick search, and I'll email you what I find.
   빨리 검색해 보고 찾은 것을 이메일로 보내 드릴게요.

4. I **do** the grocery shopping when my husband is out of town*.
   남편이 출장 갈 때는 내가 장을 본다.

   *out of town: (누군가가 출장이나 여행 등으로) 자신이 사는 곳에 없는

5 After anything exciting happens, I have to **do** loads of paperwork.
(경찰관의 말) 뭔가 긴박한 일이 벌어지고 나면, 서류 작업이 산더미입니다.

SMALL TALK

- Are you free this afternoon?
  오늘 오후에 시간 돼?

- I'm afraid not. I have a hair appointment, then I'm going to get my nails **done**.
  안 될 것 같은데. 미용실 예약도 있고, 그다음엔 손톱 손질도 받을 거라서.

- I hate **doing** my taxes. I can't believe it's May already.
  세금 신고하는 거 너무 싫어. 벌써 5월이라니 믿어지지 않아.

- I have a great tax accountant. Would you like her card?
  정말 괜찮은 세무사 아는데. 명함 줄까?

- Sure, I'll take it, but I don't like paying for things I can **do** myself.
  응, 명함은 받을게. 근데 내가 할 수 있는 걸 돈을 내고 한다는 게 좀 그래서.

- It would save you a lot of stress. That is priceless, my friend.
  대신 스트레스를 많이 줄일 수 있을 거야. 그건 돈하고 바꿀 수 없잖아, 친구야.

FURTHER STUDIES

오늘은 4형식 문장에 대해 학습하겠습니다. 4형식은 「**주어 + 동사 + 간접목적어(누구에게) + 직접목적어(무엇을)**」의 형태로, 목적어가 두 개인 문장 구조입니다. 예를 들면, MODEL EXAMPLES 3번 문장에 나온 **I'll email you what I find.**(제가 찾은 것을 이메일로 보내 드릴게요.)가 4형식 문장인데요, **you**가 간접목적어, **what I find**가 직접목적어 역할을 하고 있습니다.

영어는 '4형식을 사랑하는 언어'라고 해도 과언이 아닐 정도로, 일상 대화에서 이 문형이 매우 자주 사용됩니다. 다음은 4형식으로 자주 쓰이는 동사들입니다.

- **give, get, send, show, teach, hand, pay, save, grab, offer, email**

이 동사들은 대체로 '누군가에게 무엇을 해 주다'라는 의미를 갖고 있어, 두 개의 목적어를 자연스럽게 취할 수 있는 특징이 있습니다. 이 중 **get, save, grab, offer**를 활용한 예문들을 살펴보겠습니다.

- e.g. I **got my girlfriend a nice watch** for her birthday.
  여자 친구 생일 선물로 멋진 시계를 사 줬다.

- e.g. Online banking **saves us a trip*** to the bank.
  온라인 뱅킹으로 은행에 가는 수고를 덜 수 있다.

  *trip: (특정 목적을 위한) 짧은 외출, 다녀오기

- e.g. Do you mind **grabbing me some coffee** on your way?
  오는 길에 커피 좀 사다 줄 수 있어요?

- e.g. He **offered me a ride** home.
  그가 집에 태워 주겠다고 했어요.

CHAPTER 2

기초를 탄탄히 다지는 필수 동사

일상 회화 및 기본 문장에서 반드시 익혀야 하는 동사

- LIKE
- SEE
- KNOW
- WORK
- GO
- WANT

- SAY
- LET
- GIVE
- KEEP
- LEAVE
- BRING

DAY 35　LIKE

I don't like to play golf, but I have to for my job.

골프 치는 거 별로 안 좋아하지만, 일 때문에 어쩔 수 없이 해야 해요.

김재우의 영어관찰일기

오늘 학습할 동사 **like**는 **to부정사**와 함께 쓰여 「**like + to부정사**」의 형태를 이루며, 두 가지 의미로 사용됩니다. 첫 번째는 '~하는 것을 좋아하다, 즐기다'입니다. 예를 들어, **I like to play sports, but I don't like to work out at the gym.**(스포츠 하는 건 좋아하지만, 헬스장에 가서 운동하는 건 싫다.)과 같이 말할 수 있습니다. 두 번째는 '주로[자주] ~한다, ~하는 편이다'라는 의미로 습관이나 성향, 선호(도), 개성을 나타냅니다. **I like to listen to music while I work.**(나는 일하면서 음악을 자주 듣는 편이다.)라고 말하면 단순한 취향 표현을 넘어서 '일할 때 음악을 듣는 것이 나의 습관이자 일하는 방식'이라는 의미가 담깁니다.

MODEL EXAMPLES

1. I **like** to eat something while I watch TV.
   나는 TV 보면서 뭘 자주 먹곤 한다. (습관)

2. My son **likes** to play in the mud.
   우리 아들은 진흙에서 노는 걸 좋아한다. (습관, 평소 행동)

3. My cat **likes** to knock things off the table.
   우리 고양이는 테이블에 있는 물건을 툭 쳐서 떨어뜨리는 버릇이 있다. (평소 행동)

4 I **like** to study, but I'm not cut out for* the medical field.
공부하는 게 재미있긴 하지만, 의료 분야는 내 적성에 안 맞는다. (선호)

*be cut out for: ~에 적합하다, 잘 맞다

5 She **likes** to bring up politics at dinner.
그녀는 저녁 식사 중에 정치 이야기를 자주 꺼낸다. (습관, 성향)

SMALL TALK

1

Do you **like** to exercise, Minho?
민호야, 운동 즐겨 하니?

No, but I want to get a 6-pack before summer.
아니, 그래도 여름 전에 식스 팩을 만들고 싶어.

2

I need to find a new English tutor.
나 영어 과외 선생님 새로 구해야 해.

Why? Didn't you just start with your current teacher?
왜? 지금 선생님이랑 시작한 지 얼마 안 되지 않았어?

Yeah, but he **likes** to spend most of the session talking about politics, and I can't stand it anymore.
응, 근데 이 분이 수업 시간 내내 정치 얘기하는 걸 좋아해서 더 이상 못 참겠어.

Oh, that does sound awful.
오, 그건 진짜 아니다.

FURTHER STUDIES

오늘은 '~을 싫어하다'라는 의미의 세 가지 표현 **don't like**, **hate**, **dislike**를 학습하겠습니다.

- 일상에서 가장 많이 쓰는 표현은 「**don't like** + 목적어」입니다. 격식 없는 일상 대화에서 자주 쓰이며, **hate**보다는 절제된 표현입니다.

    e.g. I **don't like** matcha.
    난 말차 안 좋아해.

    e.g. I **don't like** going out at night.
    난 밤에 밖에 나가는 거 안 좋아해.

- 다음으로 **hate**는 '너무 싫다, 극혐이다'에 해당하며 과장되고 감정적으로 들릴 수 있습니다. 원어민들이 일상 대화에서 많이 쓰는 동사이긴 하지만, 너무 자주 쓰면 다소 과하게 느껴질 수 있습니다.

    e.g. I **hate** this mug.
    이 머그잔 너무 싫어.

    e.g. I **hate** when they put corn on cheese pizza without any warning on the menu.
    메뉴에 아무런 표시도 없이 치즈피자 위에 옥수수를 얹으면 정말 싫어.

- **dislike**는 '~을 싫어하다, ~에 반감이 있다'라는 의미의 동사로 **hate**와 **don't like**에 비해 어감이 약하며 조금 더 점잖은 표현입니다. 상대적으로 영국인들이 더 많이 사용한다는 점도 알아 둡시다.

    e.g. A: How about going camping with your parents next month?
    당신 부모님이랑 다음 달에 캠핑 가는 거 어때?

    B: Nah, my parents **dislike** the outdoors. They'd just complain.
    안 돼, 우리 부모님은 야외 활동 하는 거 별로 안 좋아하셔. 투덜거리기만 하실 거야.

DAY | 36 SEE

I haven't seen you for a while.
한동안 못 봤네요.

김재우의 영어관찰일기

동사 see에는 수많은 용법이 있지만, 오늘은 가장 많이 쓰이는 세 가지 용법을 집중적으로 학습하겠습니다. 첫 번째는 눈에 보이는 걸 말할 때입니다. **I think I see a 7-Eleven down there. Let's grab some water.**(저기 아래쪽에 세븐일레븐 보이는 거 같아. 물 좀 사자.)와 같은 말이 see가 '~이 눈에 보이다'라는 의미로 쓰인 대표적인 예시입니다. 두 번째는 '~를 보다, 만나다, 방문하다'라는 의미로 쓰일 때입니다. 대표 문장이 이 경우에 해당하는데, "한동안 못 봤네요."라는 말은 **I haven't seen you for a while.**이라고 표현합니다. 세 번째는 무언가를 확인하거나 살펴보는 경우인데, 예를 들어 "한번 확인해 볼게."라고 할 때 **Let me see.**라고 말합니다.

MODEL EXAMPLES

1. Did you see that bird?
   저 새 봤어?

2. I think I see a subway station down that way.
   저기 아래쪽에 지하철역이 보이는 것 같은데.

3. Have you seen Nick lately?
   최근에 닉 만난 적 있어?

4. Can you see if it's raining?
   비 오는지 확인 좀 해 줄래?

5 Let me **see** if I'm free on Saturday.
토요일에 시간 되는지 한번 볼게요.

SMALL TALK

1

These huge parking lots are so confusing.
이 주차장은 너무 넓어서 정말 헷갈려.

Oh, I think I **see** our car. Next to the red one. Do you **see** it?
아, 우리 차 보이는 것 같아. 빨간색 바로 옆에. 너도 보이지?

2

Tony said he **saw** you at the party Friday night.
토니 말로는 금요일 밤 파티에서 널 봤다는데.

Yeah, I was surprised to run into him. I **hadn't seen** him since high school.
응, 우연히 그를 보게 돼서 놀랐어. 고등학교 이후로 얼굴 본 적 없거든.

We should all get together sometime and catch up.
언제 한번 다 같이 모여서 밀린 이야기하자.

That'd be great. Count me in.
그럼 너무 좋지. 나도 끼워 줘.

FURTHER STUDIES

오늘은 동사 **see**의 그 밖의 의미와 용법에 대해 좀 더 자세히 학습하겠습니다.

- 우선, '~와 사귀다'라는 의미가 있습니다.

    e.g. **Are** you **seeing** anyone right now?
    지금 사귀는 사람 있나요?

- 어떠한 점을 '이해하다, 알게 되다, 깨닫다, 인지[인식]하게 되다'라는 의미도 있습니다.

    e.g. Oh, I **see** what you mean now.
    아, 이제 무슨 말인지 알겠네요.

    e.g. Do you **see** the difference between the two options?
    이 두 가지 옵션의 차이점을 아시겠어요?

- 상황이 어떤 식으로 전개되는지 '지켜보다'라는 의미도 있으며, 활용 빈도가 매우 높은 용법입니다.

    e.g. I think it's going to rain tomorrow, but we'll **see**.
    내일 비가 올 것 같은데, 한번 보자고.

- 마지막으로 어렵지만 가장 중요한 **see**의 용법을 소개하겠습니다. 바로 '사건이나 상황을 경험하고 목격하다(**experience and witness**)'라는 의미입니다. 다음 예문은 할머니가 구십 평생을 살면서 참 많은 것을 보고 경험했다는 말인데, 긴 세월을 살아오며 세상의 큰 변화를 '직접 겪었다'는 의미가 동사 **see**에 내포되어 있습니다.

    e.g. My grandma turns 90 next week. She **has** definitely **seen** a lot in her lifetime.
    우리 할머니는 다음 주에 아흔이 되신다. 평생을 살면서 정말 많은 일을 겪으셨다.

DAY | 37 KNOW

I know the owner.
그 집 주인 잘 알아요.

김재우의 영어관찰일기

오늘은 **know**와 **know of**의 차이에 대해 집중적으로 학습하겠습니다. **know**는 '~을 (이미) 잘 알다, (직접) 알고 있다'라는 의미로 무언가에 대한 경험이나 누군가와의 친분이 있을 때 사용합니다. 대표 문장처럼 **I know the owner.**라고 하면 '그 집 주인과 잘 아는 사이'라는 뜻입니다. 이에 반해 **know of**는 '~에 대해 알고 있다, 들어 본 적이 있다'라는 뜻으로, 이름이나 존재는 알지만 직접적인 경험이나 친분은 없는 경우에 씁니다. 따라서 **I know of the owner.**라고 하면 "그 집 주인에 대해 들어 본 적은 있어요."라는 의미로 이름만 알거나 소문으로만 알고 있는 상태를 나타냅니다.

MODEL EXAMPLES

1. I **know** a good place not far from here.
   여기서 멀지 않은 괜찮은 곳을 알아.

2. I **know of** a good place. I've been wanting to try it.
   괜찮은 식당 아는 데 있어. 예전부터 한번 가 보고 싶었거든.

3. I **know** many people from Texas.
   난 텍사스 출신 사람들을 많이 알아.

4. I **know of** some famous people from Texas.
   텍사스 출신 유명한 사람들 몇 명 알고는 있지.

5 I didn't **know** you in high school, but I **knew of** you.
고등학교 때는 너를 잘 몰랐지만, 너의 존재는 알고 있었지.

SMALL TALK

1

🧑 Do you **know** Cindy?
신디 잘 알지?

🧑 I **know of** her, because you always talk about her, but I haven't met her.
알긴 알지. 네가 항상 그 친구 이야기를 하니까. 하지만 만난 적은 없어.

2

🧑 Do you **know of** this clothing brand?
이 의류 브랜드 들어 봤어?

🧑 I've seen people wearing it, but I didn't **know** the name.
사람들이 입고 다니는 건 봤는데, 이름은 몰랐어.

🧑 Yeah, it's pretty trendy these days.
응, 요즘 아주 핫해.

🧑 It seems like your style. It would suit you.
네가 좋아하는 스타일인 듯. 너한테 잘 어울릴 것 같아.

FURTHER STUDIES

오늘은 SMALL TALK 2에서 소개한 문장인 **I've seen people wearing it, but I didn't know the name.**에서 쓰인 지각동사에 대해 학습하겠습니다. '지각동사'란 사람이 오감 (시각, 청각, 후각, 미각, 촉각)으로 직접 경험하는 동작이나 상태를 나타내는 동사입니다. 여기서는 「**지각동사(see, hear, smell, feel) + 목적어 + 현재분사(-ing)**」와 같은 형태로 쓰여 '~가 …하고 있는 것을 보다/듣다/냄새 맡다/느끼다'라는 의미를 갖는 경우를 살펴보겠습니다. 참고로, 현재분사 자리에 동사원형을 쓸 수도 있습니다.

각각의 지각동사를 활용한 예문들을 보겠습니다.

- e.g. I **saw some people filming** a news report on my street yesterday.
  어제 우리 동네에서 사람들이 뉴스 촬영하고 있는 것을 봤어.

- e.g. Did you **see that girl riding** the bike? I think I know her.
  자전거 타고 가는 저 여자애 봤어? 내가 아는 애 같은데.

- e.g. I **heard Sally talking** behind your back at lunch today.
  오늘 점심 때 샐리가 네 험담하는 것을 들었어.

- e.g. I **heard someone screaming** last night.
  어젯밤에 누가 소리를 지르는 걸 들었어.

- e.g. Do you **smell something burning**?
  뭐 타는 냄새 안 나니?

- e.g. Wait, I **smell something cooking**. Smells great.
  잠깐만, 요리하는 냄새가 나네. 냄새 너무 좋다.

- e.g. I **felt something crawling** on me last night.
  어젯밤에 뭔가 내 몸에 기어다니는 느낌이 들었어요.

- e.g. Did you **feel the building shaking**?
  건물 흔들리는 거 느꼈어?

DAY | 38 WORK ①

This diet really worked for me.
이 다이어트는 저한테 효과 만점이었어요.

김재우의 영어관찰일기

오늘 학습할 **work**는 '(기계 등이) 정상적으로 움직이고 작동하다, (상황 등이) 문제없이 진행되고 흘러가다, (방법 등이) 효과가 있다'라는 의미로 쓰이는 경우입니다. 남녀 사이에서 **I feel like this isn't working.**이라고 하면 "아무래도 우리는 아닌 것 같아."라는 의미가 되는데, 사람 사이의 관계가 이루어지는 것을 기계의 작동에 비유해 **work**로 표현한 것입니다. "아침에 운동하는 것이 나랑 더 맞아."라고 할 때도 **Working out in the morning works better for me.**라고 할 수 있는데, 이때의 **work** 역시 '작동하다'라는 의미입니다.

MODEL EXAMPLES

1. This learning method **works** really well with kids.
   이 학습 방법은 아이들에게 너무 잘 맞는다.

2. Does Tuesday **work** for you?
   화요일 시간 가능하세요?

3. Acupuncture really **works** for me. Why don't you give it a shot?
   침이 나한테는 정말 잘 맞아. 너도 한번 맞아 보는 게 어때?

4. We can meet in Gangnam or Yongsan—wherever **works** best for you.
   강남이나 용산에서 봐도 돼. 너 편한 대로 해.

5 I tried intermittent fasting*, but it didn't **work** for me.
간헐적 단식을 해 봤는데, 나한테는 별로였어.

*intermittent fasting: 간헐적 단식

SMALL TALK

1

- Do you want to study with me before lunch tomorrow?
  내일 점심 전에 나랑 공부할래?

- No, thanks. Studying late at night **works** better for me.
  아니, 괜찮아. 난 밤늦게 공부하는 게 더 맞거든.

2

- I was thinking we could go hiking on Saturday.
  토요일에 하이킹 가자고 할까 생각 중이었어.

- Don't we have a wedding to go to at 4?
  우리 4시에 결혼식 가야 하지 않아?

- Oh, right. Then maybe Sunday instead?
  아, 맞다. 그럼 일요일은 어때?

- Yeah, that **works** better.
  응, 그게 더 나을 것 같아.

FURTHER STUDIES

오늘은 MODEL EXAMPLES에서 소개한 **give it a shot**과 관련된 표현들을 학습하겠습니다. '되든 안 되든 한번 시도해 보다'라고 할 때 가장 많이 쓰는 표현이 **give it a shot**인데, **a shot**은 '시도'라는 의미입니다. 비슷한 표현으로 **give it a try** 또는 **go for it**이 있습니다. 다음 대화문을 통해 살펴보겠습니다.

- e.g. A: I'm not sure I could finish a marathon.
  내가 마라톤을 완주할 수 있을지 모르겠어.

  B: Maybe not today, but if you trained for it, you could. **Give it a shot!**
  지금 당장은 아니더라도, 훈련하면 할 수도 있을 거야. 도전해 봐!

- e.g. A: Should I take this free painting class?
  이 무료 그림 그리기 수업 들어야 할까?

  B: Why not? **Go for it.**
  뭘 망설여. 한번 해 봐.

have a try 역시 비슷한 의미로 사용되지만, 다음과 같은 두 가지 차이점이 있습니다. 첫째, 좀 더 격식 있게(**formal**) 들리며, 둘째, 주로 영국식 영어에서 더 자주 사용된다는 점입니다. 다음은 **have a try**를 활용한 예문입니다.

- e.g. This beer is really good. Here, **have a try**.
  이 맥주 정말 맛있어. 여기, 한번 마셔 봐.

- e.g. A: I can't open this pickle jar.
  이 피클 단지 못 열겠어.

  B: Let me **have a try**—I went to the gym today.
  내가 한번 해 볼게. 오늘 헬스장 다녀왔거든.

WORK ②

DAY | 39

Dating doesn't work that way anymore. Times have changed.

데이트 방식이 더 이상 그렇지가 않아요. 시대가 바뀌었어요.

김재우의 영어관찰일기

동사 **work**는 규칙, 문화, 사회적인 관행, 시스템 등이 '~하게 운영되다, 움직이다, 작동되다'라는 조금은 추상적인 의미로도 쓰입니다. 이러한 용법의 **work**는 생각보다 훨씬 자주 사용되어 활용 빈도가 높습니다. 예를 들어 **That's just how things work here.**는 단순히 '일이 그렇게 돌아간다'는 뜻을 넘어서 "우리는[우리 회사에서는] 그렇게 하지 않아요.", "여기서는 원래 그런 방식이에요."라는 뉘앙스가 담긴 말로, 조직이나 사회의 관행, 문화를 설명할 때 쓰이는 표현입니다. 업무 방식이나 문화 차이를 설명할 때 정말 자주 쓰이니 꼭 익혀 두시기 바랍니다.

MODEL EXAMPLES

1. You can't force someone to love you—it doesn't **work** that way.
   누군가를 너를 억지로 사랑하게 만들 수는 없어. 사랑이라는 게 그런 게 아니잖아.

2. Wearing shorts to the office? That won't **work** around here.
   반바지를 입고 사무실에 간다? 여기서는 안 됩니다.

3. Sorry, but the app doesn't **work** that way.
   (당일 취소 수수료 면제 문의에) 죄송한데, 저희 앱은 그렇게 운영되지 않습니다.

4 A: I couldn't use my free transportation transfer with a taxi.
무료 환승이 택시에는 적용이 안 되는구나.

B: Yeah, transportation cards don't **work** that way.
응, 교통 카드를 그렇게는 쓸 수 없어.

SMALL TALK

1

🧑 I thought life would get easier after retiring.
은퇴하면 삶이 좀 편해질 줄 알았더니.

👨 Life doesn't really **work** that way. Things change, but they don't get easier.
삶이라는 게 꼭 그렇지가 않잖아. 상황이 변한다고 더 편해지는 건 아니지.

2

🧑 I've been waiting two years for this car to come out.
이 차 나오기를 2년이나 기다렸어요.

👨 We're happy to hear that. Of course, you'll need to make a 3 million won deposit today.
그 말을 들으니 기쁘네요. 물론 오늘까지 계약금 3백만 원을 내셔야 합니다.

🧑 Not a problem. If something comes up, though, is it possible for me to get my deposit back?
괜찮습니다. 그런데 무슨 일 생기면 계약금을 돌려받을 수 있나요?

👨 It doesn't **work** that way, unfortunately. All deposits are non-refundable.
안타깝지만 그건 안 됩니다. 계약금은 환불이 안 됩니다.

DAY | 39 WORK ② 153

FURTHER STUDIES

오늘은 SMALL TALK 2에서 나온 **Not a problem.**에 대해 학습하겠습니다.

Not a problem.은 상황에 따라 다음과 같은 의미로 사용됩니다.

- 상대가 미안해할 때: '괜찮아요.', '걱정 마세요.'
- 감사 인사에 대해: '천만에요.', '별거 아니에요.', '전혀 어렵지 않았어요.'

각 용법을 다음 대화문을 통해 확인하며 익혀 봅시다.

e.g. A: I might need to leave a bit early today. Would that be OK?
오늘 조금 일찍 퇴근해 봐야 할지도 모르겠어요. 괜찮을까요?

B: **Not a problem.** Just let the team know before you go.
괜찮아요. 퇴근 전에 팀원들에게 말만 해 줘요.

e.g. A: Thanks for picking me up!
데리러 와 줘서 고마워!

B: **Not a problem.** I was on my way anyway.
천만에. 어차피 가는 길이었는걸.

e.g. A: I need to exchange these pants for a different size.
이 바지 다른 사이즈로 교환해야겠어요.

B: Do you have the receipt?
영수증 있으신가요?

A: No, they were a gift.
아니요, 선물로 받은 거라서요.

B: **Not a problem.** I just need to scan this tag.
괜찮습니다. 이 태그만 스캔하면 돼요.

DAY | 40   GO

I'm glad to hear your trip went well.

여행 잘 다녀오셨다니 다행입니다.

김재우의 영어관찰일기

'가다'라는 기본적인 의미를 지니고 있는 동사 **go**에는 '(일이나 상황이) ~하게 진행되다'라는 의미가 있습니다. 우리가 자주 하는 말 중에 "잘 되어 가니?"가 있는데 이에 해당하는 영어 표현이 바로 **How is it going?**이며, 과거형은 **How did it go?**입니다. 이에 대한 답변으로 일이 잘 되었다고 말하려면 **It went well.**(잘 됐어.)이라고 하면 됩니다. "면접은 어떻게 됐어?"라는 질문에 **go**를 써서 **The interview went really well.**(면접 진짜 잘 봤어.)이라고 답하면 됩니다.

MODEL EXAMPLES

1. The date **went** great. We already have plans to meet again this Friday.
   데이트는 정말 좋았어요. 이번 주 금요일에 다시 만나기로 이미 약속했어요.

2. I hope the meeting **goes** well tomorrow.
   내일 회의가 잘 되기를 바랍니다.

3. I think the interview **went** almost perfectly.
   면접이 거의 완벽하게 잘 된 것 같다.

4. I heard the surgery **went** well.
   수술이 잘 됐다고 들었어요.

5 Life in London **is going** well so far.
런던에서의 생활이 지금까지는 순조롭다.

SMALL TALK

1

🧑 Daniel, how did it **go** last night with your cousin's friend?
다니엘, 어젯밤 네 사촌의 친구랑은 어땠어?

👦 It was the third date, and it **went** OK, but there's still something about her that I'm not sure about.
세 번째 만나는 거였는데 괜찮았어. 근데 그녀에 대해 아직 확신이 안 서는 게 있긴 해.

2

🧑 Andrew, how**'s** your new semester **going**?
앤드루, 새 학기는 어때요?

👦 It**'s going** smoothly so far.
지금까지는 별 탈 없이 잘 되고 있어요.

🧑 Are you teaching a lot of classes?
수업 많이 맡고 있나요?

👦 Yes, but I know the material really well, so it feels pretty light.
네, 하지만 내용을 잘 알고 있어서, 꽤 수월하게 느껴져요.

FURTHER STUDIES

오늘은 SMALL TALK 1에 나온 **something**의 용법에 대해 학습하겠습니다. **something**은 정확히 무엇인지 알 수 없는 대상을 지칭할 때 사용되며, 다음과 같은 두 가지 구조로 주로 쓰입니다.

- There is something about + 명사 + that ~
- Something about + 명사 + 동사 ~

다음 예문들을 통해 정확한 어감과 용례를 익혀 보도록 합시다.

- e.g. **There is something about old pop songs that** I find so comforting.
  옛날 팝송에는 왠지 모르게 마음이 편안해지는 무언가가 있다.

- e.g. **There's something about ramyeon that** upsets my stomach.
  라면을 먹으면 이상하게 속이 불편해진다.

- e.g. **Something about this place feels** so familiar.
  이곳엔 무언가 익숙한 느낌이 있다.

- e.g. **Something about his attitude bothers** me.
  그 사람 태도가 뭔가 거슬린다.

- e.g. Laptops aren't really for me. **Something about the keyboards is** super uncomfortable.
  노트북은 나랑 안 맞다. 키보드가 뭔가 너무 불편하다.

DAY | 41 — GO ②

The screen went dark for some reason.
무슨 이유에서인지 화면이 어두워졌어요.

김재우의 영어관찰일기

동사 **go**가 「**go + 형용사**」와 같이 2형식으로 쓰일 경우 '~한 상태가 되다'라는 의미를 띕니다. 실제 원어민과 대화하다 보면 **go**를 이런 식으로 굉장히 자주 쓰는 것을 볼 수 있습니다. **go bad**(음식이 상하다), **go wrong**(잘못되다), **go dark**(날이 어두워지다), **go bankrupt**(파산하다) 등 일일이 열거하기 힘들 만큼 많이 쓰이는 표현이니 꼭 내 것으로 만들기 바랍니다.

MODEL EXAMPLES

1. Bread will actually **go** stale faster if you refrigerate it.
   빵은 냉장 보관하면 오히려 더 빨리 굳어져 맛이 없어져요.

2. My feet **went** numb* waiting at the bus stop this morning.
   (추운 날 버스를 오래 기다린 상황) 오늘 아침에 버스 정류장에서 버스를 기다리다가 발이 감각이 없어졌어요.

   *go numb: 감각이 없어지다, 저리다

3. My phone **went** dead. Do you have a charger?
   핸드폰 배터리가 나갔어. 충전기 있니?

4. He **went** crazy when the Dodgers won the World Series.
   다저스가 월드 시리즈 우승을 했을 때 그는 이성을 잃었다.

5 My father **went** bald in his thirties.
우리 아버지는 30대에 대머리가 되셨다.

SMALL TALK

1

Are we out of milk?
우유가 다 떨어진 거야?

Yeah, it **went** bad, so I had to throw it away this morning.
응, 상했더라고. 그래서 오늘 아침에 버려야만 했어.

2

What are those people doing? It looks dangerous.
저 사람들 뭐 하고 있는 거야? 위험해 보여.

It's that TikTok challenge that **went** viral* last month.
그게 바로 지난달에 화제가 된 틱톡 챌린지야.

*go viral: 입소문이 나다

People go to parks to **go** viral these days? That's sad.
요즘은 사람들이 유명해지려고 공원까지 가는 거야? 슬프다(안타깝다).

So true. I miss when people just went to parks to get some fresh air.
누가 아니래. 사람들이 그냥 맑은 공기 쐬러 공원에 갔던 때가 그리워.

FURTHER STUDIES

오늘은 SMALL TALK 2에 소개된 **So true.**라는 표현에 대해 공부하겠습니다. 상대방의 말에 맞장구를 칠 때 쓰는 표현이며 "내 말이.", "누가 아니래.", "완전 공감해." 정도에 해당합니다. 비슷한 표현으로 **I totally agree., Totally., Definitely., For sure., That's exactly right., I definitely relate (to that experience).** 등이 있습니다. 원어민들이 밥 먹듯이 쓰는 표현인 데 반해 한국 학습자들은 거의 활용하지 못하는 표현이기도 합니다. 오늘 학습을 계기로 잘 알아듣는 것은 물론이고 입 밖으로 자연스럽게 꺼내 말할 수 있는 표현으로 만들도록 합시다. 그럼 다음 대화를 통해 확인해 보겠습니다.

e.g. A: I have new aches and pains all the time these days. We're getting old.
요즘은 항상 여기저기 새롭게 쑤시고 아픈 데가 생겨. 우리 이제 늙어가네.

B: **So true.**
완전 공감해.

e.g. A: Getting ready for work in the morning is such a pain during winter.
겨울에는 아침에 출근 준비하는 게 너무 힘들어.

B: **That's so true.** It's really dark, too.
누가 아니래. 아침엔 정말 어둡기도 하고.

e.g. A: Korea wasn't this hot when I was a kid.
내가 어릴 때는 한국이 이렇게까지 덥지는 않았는데.

B: **That's so true!**
내 말이!

DAY | 42 GO ③

Food trash goes in this yellow bag.
음식물 쓰레기는 이 노란 봉투에 넣으면 돼요.

김재우의 영어관찰일기

동사 **go**는 사람이나 사물의 원래 자리, 즉 있어야 할 곳이나 두어야 할 곳을 나타낼 때도 매우 자주 쓰입니다. 유치원 교사가 아이들에게 **Toys go in the basket when you're finished playing.**(다 놀고 나면 장난감은 바구니에 넣어 둬야 하는 거야.)이라고 하거나, **Class, where does the trash go? It goes in the trash can, yes.**(여러분, 쓰레기는 어디에 둔다고요? 그렇죠, 쓰레기통에 넣어야 해요.)라고 하는 경우에 사용된 **go**가 바로 이 의미입니다.

MODEL EXAMPLES

1. Should these flowers **go** here?
   (결혼식 장식 준비 상황) 이 꽃들은 여기에 두면 되나요?

2. Korean citizens **go** in this line.
   (공항 세관 직원이 하는 말) 한국 국적인 분들은 이 줄에 서세요.

3. Excuse me, where should these expense reports **go** when I'm done?
   죄송한데, 이 경비 보고서들을 다 끝내고 나서 어디에 두면 되나요?

4. Insurance papers **go** in the blue folder.
   보험 서류들은 파란색 폴더에 넣으면 됩니다.

5. The forks **go** to the left of the plates.
   포크는 접시 왼쪽에 놓습니다.

SMALL TALK

1

🧑 **Do these dumbbells go here?**
이 덤벨 여기 두면 되나요?

👨 **The lighter dumbbells go on the top rack.**
가벼운 덤벨은 맨 위에 두면 됩니다.

2

🧑 **I told you not to do the dishes.**
(아내가 남편에게) 내가 설거지하지 말라 그랬잖아.

👨 **And I told you—I like doing the dishes.**
내가 설거지 좋아한다고 했잖아.

🧑 **OK, well, I'll pick a movie for us to watch.**
좋아, 그럼 내가 우리가 볼 영화를 골라 볼게.

👨 **Good idea. By the way, do these wine glasses go in this cupboard?**
좋은 생각이야. 그나저나 이 와인 잔은 이 찬장에 두면 되는 거야?

FURTHER STUDIES

오늘은 SMALL TALK 2에 나온 동사 **pick**, 그리고 유사한 동사인 **choose**, **select**에 대해 학습하겠습니다. 우선, 세 동사의 차이점에 대해 살펴보겠습니다.

- **pick**: 세 동사 중 가장 비격식적이며(**informal**) 눈에 보이는 여러 개 중에서 본능적으로 끌리는 것을 고르고 뽑는 느낌을 줍니다.
- **choose**: pick에 비해 좀 더 신경을 써서 신중하게 선택하는 어감입니다.
- **select**: 여러 개 중에 선택하고 고른다는 점에서는 **pick**이나 **choose**와 같지만, 가장 격식적인(**formal**) 느낌을 줍니다.

각각에 해당하는 예문들을 보면서 어감과 용례의 차이를 느껴 보시기 바랍니다.

- e.g. He **picked** a red apple from the basket.
  그는 바구니에서 빨간 사과를 골랐다. (여러 개 중에 손 가는 대로, 본능적으로 골라서 집어 드는 느낌)

- e.g. **Pick** a topic that interests you.
  네가 흥미를 느끼는 주제를 골라. (여러 개 주제 중에 끌리는 것을 뽑는 느낌)

- e.g. I can't **choose** between mint chocolate and red bean.
  민트 초콜릿과 팥 둘 중에 뭘 선택해야 할지 모르겠어. (두 개의 선택지를 놓고 신중하게 고민하는 느낌)

- e.g. I eventually **chose** to study math.
  결국에는 수학 공부를 선택했습니다. (고심 끝에 내린 결정의 느낌)

- e.g. Jeff **was selected** for the scholarship out of 500 applicants.
  제프가 500명의 지원자 중에서 장학금 수혜자로 뽑혔다. (격식을 갖춘 공식적인 상황에서 '선발된' 느낌)

- e.g. The user must **select** a delivery option before checkout.
  이용자는 결제 전에 반드시 배송 옵션을 선택해야 합니다. (온라인 쇼핑몰 등에서 자주 등장하는 문장으로 격식을 갖춘 문어체의 느낌)

DAY | 43 WANT

Do you want a ride to the station?
역까지 태워 줄까요?

김재우의 영어관찰일기

동사 **want**는 '~을 원하다, 바라다, 소망하다'라는 기본적인 의미가 있습니다. 「want + 명사」와 「want + to부정사」 두 형태로 많이 쓰이는데, 많은 학습자가 「want + 명사」보다는 「want + to부정사」 형태에 익숙해 **I want to do something.** 같은 식으로만 말하는 경우가 많습니다. 예를 들면, **Do you want me to give you a ride?** 대신 대표 문장인 **Do you want a ride to the station?**과 같이 간결하게 말할 수 있습니다. 우리에게 익숙한 **want**라는 동사가 간결하게 말할 수 있는 최고의 동사라는 점을 기억합시다.

MODEL EXAMPLES

1. I **want** pizza for dinner.
   저녁으로 피자 먹고 싶어요.

2. You **want** a piece of this cake?
   이 케이크 한 조각 먹을래?

3. They **want** ice cream.
   (아내가 남편에게 하는 말) 애들이 아이스크림 먹고 싶다네.

4. We **want** a new car.
   (여름 휴가를 가는 대신 돈을 모으는 이유에 대해 하는 말) 새 차를 사야 해서.

5 I **want** that robotic vacuum.
(홈 쇼핑을 보면서 아내가 남편에게 하는 말) 나 저 로봇 청소기 사고 싶어.

SMALL TALK

1

🙍‍♀️ Excuse me, we **wanted** a table by the window and mentioned that when I made a reservation.
죄송한데 창가 자리를 원해서, 예약할 때 말씀드렸는데요.

🙍‍♂️ Yes, we're sorry about that, but we don't take reservations for those tables.
네, 그 점은 죄송합니다. 그런데 저희가 창가 자리는 예약을 안 받아서요.

2

🙍‍♀️ I signed up for a Pilates class at the gym.
헬스장에 있는 필라테스 수업 신청했어.

🙍‍♂️ Really? I **have been wanting** to try* the new instructor's class.
정말? 나도 새로운 강사의 수업을 한번 들어 보고 싶었거든.

*여기서는 「want + to부정사」의 형태로 쓰임.

🙍‍♀️ She's super chill and knows her stuff.
진짜 편안한 성격에다가, 실력도 있어.

🙍‍♂️ That's it, then! I'm booking a spot.
그거면 됐지! 자리 예약해야겠다.

FURTHER STUDIES

오늘은 SMALL TALK 2에서 소개한 문장인 **I have been wanting to try the new instructor's class.**에서 쓰인 시제와 관련된 문법 사항을 학습해 보겠습니다.

학창 시절에 **want**, **have**, **love** 등과 같은 상태동사는 진행형으로 쓸 수 없다고 배웠던 기억이 납니다. 하지만 꼭 그렇지는 않다는 것을 위의 문장이 보여 주고 있습니다. 위 문장은 문법적으로는 현재완료진행 시제인데, 상태동사 **want**를 진행형으로 써서 갈망, 소망, 욕심이 지금 이 순간에도 간절하게 지속되고 있음을 강조하고 있습니다.

아래의 두 예문 역시 **want**를 진행형으로 씀으로써 원하는 정도를 강조하는 동시에 그 바람이 여전히 계속되고 있다는 어감을 준다는 점을 꼭 기억합시다.

- e.g. My mom **has been wanting** to meet you.
  우리 엄마가 너를 만나 보고 싶어 하셔. (몇 달 전부터 만나 보고 싶어 했으며 지금도 그렇다는 것을 강조)

- e.g. I**'ve been wanting** to try that new café next to the palace.
  궁 바로 옆에 있는 그 새로 생긴 카페에 가 보고 싶어. (그 카페가 생긴 후로 꼭 한번 가 보고 싶다는 마음이 이어져 왔다는 것을 강조)

참고로 현재완료진행 시제인 **have/has been -ing**는 어떤 행위나 바람이 꽤 오래 지속되고 있다는 느낌을 준다는 점에서 지금 이 순간의 일시적인 상황이나 즉흥적인 감정을 나타내는 현재진행 시제와는 차이가 있다고 할 수 있습니다.

SAY

DAY | 44

The website says the item is out of stock.

홈페이지에는 그 제품 재고가 없다고 나와 있어요.

김재우의 영어관찰일기

동사 **say**의 주어가 사물일 때도 '~라고 말하다'라는 의미로 이해하면 됩니다. 이때의 **say**는 '~라고 적혀 있다, ~라고 쓰여 있다' 정도에 해당합니다. 예를 들어, "화면에는 '연결이 끊겼다'라고 나오네(적혀 있네)."라고 말하려면 **The screen says "connection lost."**라고 하면 됩니다. 한국어로는 '적혀 있다'라고 하다 보니 일부 학습자들이 **Something is written ~** 식으로 표현하는 경향이 있는데 **Something says ~**라고 하는 것이 원어민식 영어에 더 가깝다는 것을 꼭 기억합시다.

MODEL EXAMPLES

1. My health check results say I need to exercise more.
   건강 검진 결과를 보니까 운동을 좀 더 해야 한다고 나와 있군.

2. The app says I need to update my password.
   앱에 비밀번호를 바꿔야 한다고 나와 있네.

3. The message says your payment didn't go through.
   메시지 보니까 네 결제가 승인되지 않았다고 나와.

4. The package says it was made in Italy.
   포장에 이탈리아 산이라고 적혀 있어.

5 What does it **say** on the back of the book?

책 뒷면에 뭐라고 적혀 있어?

SMALL TALK

1

🧑 **How much longer do we have?**
얼마나 더 가야 해?

👦 **The GPS says we'll be arriving in, like, 10 minutes.**
내비게이션에는 한 10분 후 도착이라고 나오네.

2

🧑 **Did you find the phone case you liked?**
네가 마음에 들어 했던 핸드폰 케이스 찾았어?

👦 **Yeah, but the website says it's out of stock.**
응, 근데 홈페이지에는 품절로 나와.

🧑 **Ugh, again?**
하아, 또?

👦 **Further down, it says they should have it back in stock next week.**
아래쪽에 보니, 다음 주에 재입고 예정이라고 나와 있네.

FURTHER STUDIES

오늘은 SMALL TALK 2에 나온 조동사 **should**의 용법에 대해 학습하겠습니다. **Further down, it says they should have it back in stock next week.**(아래쪽에 보니, 다음 주에 재입고 예정이라고 나와 있네.)과 같은 문장에서 **should**는 합리적인 근거를 기반으로 한 예상과 판단임을 나타내는 역할을 합니다. 전후 상황, 앞뒤 맥락 등으로 볼 때 '거의 ~할 것이다'라는 의미입니다. **will**이 거의 확실한 예상을 나타내는 반면, **should**는 '별다른 변수 등이 없다면 그럴 것이다' 정도의 어감으로 이해하면 됩니다. 일상 대화에서 자주 등장하는 조동사인 만큼 아래의 다양한 예문을 통해 숙달될 때까지 확실히 연습해 두시기 바랍니다.

e.g. The weather **should** clear up by this weekend.
이번 주말쯤이면 날씨가 갤 것 같아.

e.g. The food **should** be here any minute.
(주문한) 음식이 곧 배달될 것 같은데.

e.g. There **shouldn't** be any traffic around that time.
그 시간쯤에는 차가 그렇게 많지 않을 거예요.

e.g. It **shouldn't** take me long to get home.
집까지 가는 데 그렇게 오래 안 걸릴 것 같아요.

e.g. A: Do you think I can reschedule the meeting for tomorrow afternoon?
회의를 내일 오후로 조정할 수 있을까요?

B: Sure, that **shouldn't** be a problem.
물론이죠, 큰 문제 없을 것 같습니다.

e.g. A: How long will it take to update the software?
소프트웨어 업데이트하는 데 얼마나 걸릴까요?

B: It **shouldn't** take long; just a few minutes or so.
그렇게 오래 안 걸릴 거예요. 몇 분이면 됩니다.

DAY 45 LET

Let me walk you out.
제가 문까지 바래다드릴게요.

김재우의 영어관찰일기

let 동사를 「let me + 동사원형」의 형태로 쓰면 어떤 행동을 직접 하겠다고 하는 의미가 되며, 제안 또는 강한 의지를 표현할 때 자주 사용됩니다. 예를 들어, 대표 문장인 **Let me walk you out.**은 회의가 끝난 후 상대가 사무실을 떠날 때 "제가 바래다드릴게요."라며 자연스럽고 친절하게 제안하는 말입니다. 또한 **Let me pay, I insist.**처럼 "내가 낸다니까."라고 자기 의견을 강하게 말할 때도 이 표현을 사용할 수 있습니다. 짧고 쉽지만, 회화에서 아주 자주 쓰이는 유용한 표현이니 꼭 익혀 두길 바랍니다.

MODEL EXAMPLES

1. **Let** me buy you a drink.
   제가 한잔 살게요.

2. **Let** me go with you.
   내가 같이 가 줄게.

3. **Let** me take a look.
   한번 볼게요.

4. **Let** me carry that box for you.
   내가 대신 그 박스 옮겨 줄게.

5 **Let** me pour you another glass of wine.
제가 와인 한 잔 더 따라 드릴게요.

SMALL TALK

1

I think I can carry it all to the car by myself.
나 혼자서 이 모든 걸 차로 옮길 수 있을 것 같아.

OK, well, **let** me get the door for you.
알았어, 그럼 내가 문 열어서 잡고 있을게.

2

It's going to take five hours to get back to the city.
(강원도 여행 후 서울로 가려는 상황) 다시 서울로 가려면 5시간은 걸릴 듯해.

Traffic is always worse going back.
돌아가는 길이 항상 더 막히지.

Yeah, true. We better get going.
맞아. 지금 출발하는 게 낫겠다.

Let me drive. You can rest.
운전은 내가 할게. 당신은 쉬어.

FURTHER STUDIES

오늘은 SMALL TALK 2에서 소개한 **We better get going.**(지금 출발하는 게 낫겠다.)에서 연상되는 '자리에서 떠날 때' 쓸 수 있는 표현들을 학습하겠습니다.

- 가장 쉬운 표현들로는 동사 **go**를 이용한 **I need to go.**, **I gotta go.**, **It's time to go.**와 **Let's leave.** 등이 있습니다.

- 다음으로 동사 **head**(~로 향하다)도 이런 상황에서 자주 쓰입니다.

    e.g. I need to **head** home.
    집으로 가 봐야 해.

    e.g. It's time to **head** home.
    집으로 가 봐야 할 시간이야.

- 마지막으로 **Call it a night.**(오늘 밤은 여기까지 하자.)라는 관용 표현을 쓸 수도 있습니다.

    e.g. It's getting late. Let's **call it a night**.
    늦었다. 오늘은 이쯤에서 마무리하자.

다음은 위에서 소개한 표현들을 활용한 대화입니다.

   e.g. A: My wife is calling. **I better get going.**
   아내에게서 전화가 와. 이제 가 봐야겠다.

   B: Yeah, let's **call it a night**.
   그래, 오늘은 여기까지 하자고.

DAY 46 LET ②

Could you let me finish my sentence, please?

제 얘기 좀 마저 하게 해 주시겠어요?

김재우의 영어관찰일기

let 동사를 「let + 사람 + 동사원형」의 형태로 쓰면 '~로 하여금 …하는 것을 허락하다, …하도록 내버려두다'라는 의미가 됩니다. 어젯밤에 과음을 한 사람이 친구에게 **You shouldn't have let me drink too much.**(내가 그렇게 많이 마시게 내버려두지 말았어야지.)라고 할 수 있습니다. 지나치게 노출이 심한 복장으로 외출을 하는 대학생 딸에게 엄마가 **I am not letting you leave the house looking like that!**(그렇게 입고 외출하게 둘 수는 없지!)이라고 할 수 있습니다. 일상에서 매우 자주 쓰이는 **let**의 용법이니 입에 붙을 때까지 연습해 둡시다.

MODEL EXAMPLES

1. My boss refuses to **let** me work from home.
   상사가 재택근무를 못하게 해요.

2. I **let** my students go on even when they make mistakes.
   (원어민 강사의 말) 저는 학생들이 실수를 해도 중간에 끊지 않습니다.

3. My wife doesn't **let** my friends come over to the house.
   아내가 내 친구들을 집에 못 오게 해.

4. Just **let** her do what she wants.
   그냥 그녀가 하고 싶은 대로 하도록 놔 둬.

5 Give me your keys. **Let** me drive.
키 줘 봐. 내가 운전할게.

SMALL TALK

> Did your parents have any weird rules growing up?
> 네가 자랄 때 너희 부모님한테 특이한 규칙 같은 거 있었어?

> Well, my dad would never **let** me stay out after 11 p.m., but that's pretty typical, I guess.
> 음, 아빠가 밤 11시까지는 무조건 집에 들어오게 했지. 근데 다 그렇지 않나.

> That lamb kebab place last night had such a local vibe*.
> 어젯밤 그 양고기 케밥집은 뭔가 현지 분위기가 물씬 나더라.
>
> *vibe: 사람, 장소, 상황 등이 풍기는 무언가 설명하기 힘든 느낌과 분위기

> I know! I thought they were going to kick us out, though.
> 맞아! 근데, 우리더러 나가라고 할 줄 알았는데.

> He **let** us stay, even though it was past their closing time.
> 영업시간 끝났는데도 우릴 그냥 있게 해 줬지.

> That's because we kept spending money there. He should thank us!
> 우리가 계속 거기서 돈을 쓰고 있었으니까 그런 거지. 우리한테 고마워해야 해!

FURTHER STUDIES

오늘은 SMALL TALK 2에서 소개한 문장 **That lamb kebab place last night had such a local vibe.**와 관련된 '영어식 주어 잡기'에 대해 학습하겠습니다. **have** 동사 편에서 다룬 내용과 맥을 같이 하는데, 영어로 문장을 만들 때는 중요하거나 중심이 되는 큰 틀(main part)을 주어로 삼는 경우가 많습니다.

한국어의 경우 'A(주요 대상)의 B(주요 대상의 일부/성질)가 ~하다'라고 표현하는 반면, 영어에서는 'A가 ~한 B를 가지고 있다(**have**)' 식으로 표현합니다. 위의 문장에서는 **that lamb kebab place**가 A, **a local vibe**가 B인 셈이므로, '그 양고기 케밥집(**that lamb kebab place**)이 현지 분위기(**a local vibe**)를 가지고 있다(**have**)'고 표현한 것입니다.

다음 예문들을 통해 좀 더 자세히 살펴봅시다.

- e.g. **The hotel has** a great view of the mountains.
  그 호텔은 산 전망이 멋지다.

- e.g. **This neighborhood used to have** more of a traditional vibe. It feels more touristy now.
  이 동네가 예전에는 전통적인 분위기가 났었다. 지금은 너무 관광지 같다.

- e.g. **That apartment in Banpo has** a view of the Hangang River and really good amenities.
  반포에 있는 그 아파트는 한강이 보이고 편의 시설도 굉장히 좋다.

- e.g. **This phone has** a 1080p front camera.
  이 핸드폰은 1080p 화질의 전면 카메라가 있다.

- e.g. **The gym across the street has** three stepmills.
  길 건너 헬스장에는 스텝밀(천국의 계단)이 세 개 있다.

DAY | 47 LET ③

I can't let nasty comments discourage me.

전 악플에 굴하지 않을 거예요.

김재우의 영어관찰일기

let 동사가 「let + 사물/상황 + 동사원형」 구문으로 쓰일 경우 목적어인 사물 또는 상황이 '~하게 되도록 두다[내버려두다]'라는 의미가 됩니다. **not**과 함께 부정문으로 쓰면 '~되도록 두지 않다'가 됩니다. 오전에 팀장과 언쟁을 벌인 동료에게 **Don't let it bother you.**라고 하면 "너무 신경 쓰지 마."라는 뜻이 되는데, 'it(그 상황, 사건)이 너를 **bother**(신경 쓰이게 만들다)하지 않게 하라'는 말입니다.

MODEL EXAMPLES

1. Don't **let** work get to* you. Let's find a new hobby.
   일 때문에 너무 스트레스 받지 마. 새로운 취미를 찾아 보자.

   *get to: ~를 신경 쓰이게 하다, 거슬리게 하다

2. We can't **let** another wildfire like that happen again.
   그런 산불이 또다시 일어나게 놔 둘 수는 없다.

3. Don't **let** the breakup mess with your studies.
   헤어졌다고 공부까지 망치면 안 되지.

4. Don't **let** it get you down.
   너무 낙담하지 마.

5. You shouldn't **let** emotions influence your decisions.
결정을 할 때 감정에 휘둘려서는 안 된다.

SMALL TALK

Andrew, why aren't you going on more dates?
앤드루, 왜 소개팅 더 안 해?

I don't need to act desperate. True love is out there. I just want to **let** it happen, naturally.
너무 절박하게 굴 필요는 없으니까. 진정한 사랑이 어딘가에 있을 거야. 그냥 자연스럽게 사랑이 찾아오게 두고 싶어.

I really want to apply for that job, but the interviews are all in English.
그 자리에 정말 지원하고 싶은데, 면접이 전부 영어로 진행돼.

That sounds tough, but don't **let** that stop you.
힘들겠지만, 그렇다고 포기하진 마.

I'm just afraid I'll mess up and look unprepared.
실수를 해서 준비 안 된 사람처럼 보일까 봐 걱정이야.

You can't **let** your fear of English hold you back.
영어에 대한 두려움 때문에 발목 잡히면 안 돼.

FURTHER STUDIES

오늘은 SMALL TALK 2에서 나온 **apply for**와 **apply to**의 용법에 대해 학습하겠습니다. 두 표현 모두 '~에 지원하다, ~을 신청하다'라는 의미는 같으나, **apply for** 다음에는 '직위, 장학금' 등이 나오는 데 반해 **apply to** 다음에는 '회사(기업)' 또는 '학교'가 나온다는 점에서 차이가 있습니다. 즉, 의미는 동일하나 용법은 다르다고 할 수 있습니다.

다시 말해, **apply for** 다음에는 **position**, **scholarship** 등이 목적어로 오고, **apply to** 다음에는 **company**, **school**, **department** 등이 목적어로 옵니다. 아래 예문들을 통해 이 둘의 용법 차이를 익혀 봅시다.

- **apply for**

    - e.g. I spent all day **applying for** scholarships.
      하루 종일 장학금 신청하느라 시간을 다 보냈다.

    - e.g. I hate **applying for** jobs. It's so repetitive.
      구직 활동도 신물이 난다. 비슷한 걸 계속 반복해야 하니.

    - e.g. I'm considering **applying for** the overseas sales position.
      그 해외 영업직에 지원할지 고민 중이다.

- **apply to**

    - e.g. I **applied to** YouTube, but I haven't heard anything back, yet.
      유튜브에 지원을 했는데 아직 답이 없다.

    - e.g. **Have** you **applied to** any schools on the East Coast?
      동부 쪽 학교에는 지원한 곳 있어?

    - e.g. I **applied to** three schools, and I got accepted to all of them.
      세 군데 학교에 원서를 냈는데, 모두 합격했다.

DAY | 48 GIVE ①

This song gives me chills.
이 노래 진짜 소름 돋네요.

김재우의 영어관찰일기

give 동사는 '(사람이) ~에게 …을 주다'라는 기본적인 뜻을 가지고 있습니다. 오늘 학습할 give는 주어가 '상황 또는 사물'일 경우입니다. 즉, '상황이나 사물'이 '사람'에게 '무엇'을 준다는 조금은 추상적(개념적)인 의미의 용법입니다. 예를 들어 어떤 상황이 자신에게 자신감을 주었다면 **That gave me confidence.**로 표현할 수 있습니다. 이러한 용법의 give는 원어민들이 하루도 빠지지 않고 사용하는 만큼 반드시 확실하게 이해해 두어야 합니다.

MODEL EXAMPLES

1. Your encouragement **gave** me confidence.
   네가 응원을 해 주어서 자신감이 생겼어.

2. Coffee in the morning **gives** me the energy to get through my day.
   아침에 마시는 커피는 하루를 버틸 수 있는 힘을 준다.

3. That movie **gave** me some new perspective on life.
   그 영화를 보고 난 후 삶에 대한 새로운 시각을 갖게 되었다.

4. His apology **gave** me closure.
   그 친구가 사과를 해서 마음이 풀렸다.

5. Rainy days always **give** me the blues.
   비가 오는 날에는 늘 기분이 꿀꿀해진다.

SMALL TALK

1

🧑 **The meeting got pushed back to 5.**
회의가 5시로 미뤄졌어.

👦 **Oh, perfect! That will give me enough time to grab some coffee.**
아, 잘됐다! 그럼 커피 사러 갈 시간 충분할 듯.

2

🧑 **Hey, Jiho, you should apply for the position in San Francisco.**
지호야, 너 샌프란시스코 자리에 지원해 봐.

👦 **You think so? I don't think I'd get it.**
진심이야? 난 안 될 것 같은데.

🧑 **I disagree. Your English skills give you an edge*.**
나는 그렇게 생각 안 해. 네 영어 실력이면 경쟁력 있어.

*give + 사람 + an edge: ~에게 우위를 주다, 경쟁력을 갖게 하다

👦 **Hmm, maybe you're right. I'll think about it.**
흠, 네 말이 맞을지도. 생각해 볼게.

FURTHER STUDIES

오늘은 SMALL TALK 2에서 소개한 「I don't think + 주어 + 동사」 구문에 대해 좀 더 살펴보겠습니다.

원어민들은 일상 회화에서 **I don't think ~**로 문장을 시작하는 경우가 굉장히 많습니다. 이미 이 표현의 중요성을 인지하고 계신 분들도 있을 겁니다. 그렇다면 왜 이 구문이 그렇게 자주 쓰일까요? 그 이유는 바로, 부정적인 의견이나 반대 의사를 보다 완곡하고 예의 있게 전달하는 방식이기 때문입니다. 예를 들어, 상대의 말에 동의하지 않을 때 곧바로 **No.**나 **That's wrong.**이라고 말하면 다소 직설적이거나 거친 인상을 줄 수 있습니다. 반면에, **I don't think ~**를 사용하면 부드럽고 정중하게 들립니다. 이처럼 **I don't think ~**는 상대방을 존중하면서도 자신의 생각을 분명히 전달할 수 있는 유용한 표현입니다.

다음 예문들을 통해 완벽하게 체화하도록 합시다.

- e.g. **I don't think** she's into you.
  저 여자분은 너한테 관심 있는 것 같지 않은데.

- e.g. **I don't think** he meant it that way.
  그 사람이 그런 뜻으로 한 말은 아닐 거야.

- e.g. Guys, **I don't think** I can make it this week.
  (동호회 회원들에게 하는 말) 얘들아, 이번 주는 아무래도 못 갈 것 같아.

- e.g. **I don't think** we should see each other anymore.
  (남녀 사이에서 하는 말) 우리 이제 그만 봐야 할 듯해.

- e.g. **I don't think** I'll ever get used to the humid weather in Seoul.
  (서울에 사는 외국인이 하는 말) 아무래도 서울의 습기 많은 날씨에는 적응하지 못할 듯해.

DAY 49 GIVE ②

Let me give you a quick update on the project.

프로젝트 현황을 짧게 업데이트해 드리겠습니다.

김재우의 영어관찰일기

동사 **give**는 「**give + 간접목적어 + 직접목적어**」 형태의 4형식 구문으로 자주 쓰입니다. 간접목적어 자리에는 사람 또는 사물이 올 수 있습니다. **Can you give me a pen?**(펜 좀 줄래?)과 같이 '누군가에게 어떤 물건을 주다'라는 글자 그대로의 의미로도 사용되지만, 오늘은 비유적 또는 관용적으로 쓰이는 용례들을 익히겠습니다. 대표적인 예로는 「**give + 사람 + a hand**」(~를 도와주다), 「**give + 사람 + a hug**」(~를 안아 주다), 「**give + 사람 + a hard time**」(~를 힘들게 하다), **give it a try**(한번 해 보다) 등이 있습니다. 조금만 숙달되도록 연습하면 어렵지 않게 입에 붙일 수 있으니, 재미있게 학습합시다.

MODEL EXAMPLES

1. Let me give you my number.
   제 번호 드릴게요.

2. Give me a call when you get home.
   집에 도착하면 전화 줘.

3. Give him a kiss for me.
   (누나와의 전화 통화 상황에서) 나 대신 누나가 그(조카)에게 뽀뽀해 줘.

4 Go ahead and give yourself a pat* on the back.
어서 네 자신을 칭찬해 주렴.

*pat: 등을 토닥여 주는 행위

5 Just give me a few more days.
(고민할 시간을) 며칠만 더 주세요.

SMALL TALK

1

🧑 The taxi is on its way.
(집에서 택시를 부른 상황) 택시가 오고 있어.

👦 OK, give me a sec. I'll meet you down there.
알았어, 잠시만. 금방 내려갈게.

2

👦 Hey, just to give you a heads-up—a couple people are coming over tonight.
(룸메이트에게) 친구야, 미리 알려 주자면, 오늘 밤에 집에 몇 명 놀러 와.

👦 Cool, thanks for letting me know.
그래, 알려 줘서 고마워.

👦 We'll try to keep the noise down.
안 시끄럽게 하도록 노력할게.

👦 No worries. I'll be out late tonight anyway.
괜찮아. 어차피 나 오늘 밤에 늦게까지 밖에 있을 거야.

FURTHER STUDIES

오늘은 SMALL TALK 2에서 소개한 **just to give you a heads-up**(미리 말해 두자면)이라는 표현에 나오는 「**just + to부정사**」 용법에 대해 학습하겠습니다. 이 표현은 대부분 문두에 쓰이며, 상대방에게 새로운 사실을 알려 줄 때, 이미 알고 있는 사실을 상기시킬 때, 재차 확인할 때 주로 사용됩니다. '(참고로) ~하자면' 정도에 해당하며, 「**I just wanted + to부정사**」로 표현할 수도 있습니다.

- e.g. **Just to be** clear, we're meeting at the Sinchon Megabox, correct?
  확인차 물어보는 건데, 우리 신촌 메가박스에서 보는 거 맞지?

- e.g. **Just to remind** you, this week's meeting is at 8:30, not 9:00.
  확인차 연락드립니다. 이번 주 회의는 9시가 아니고 8시 반입니다.

- e.g. **Just to update** you, we found a buyer, and we hope to move into your place by the end of the month.
  (상대방 집으로 이사하려는 상황) 알려 드리자면, 저희 집은 구매자가 생겼고 이달 말까지 선생님 댁으로 이사하길 바라고 있어요.

- e.g. **Just to confirm**, we're meeting at exit 7, right?
  확인차 다시 말하는 건데, 우리 7번 출구에서 만나기로 한 거 맞지?

- e.g. **Just to let** you know, Friday will be my last day.
  너한테 알려 주자면, 나 금요일이 여기 마지막 날이야.

DAY 50 KEEP ①

You can keep the omelet pan.
오믈렛 팬은 당신이 가져요.

김재우의 영어관찰일기

오늘 학습할 동사 **keep**은 주로 다음 두 가지 의미로 쓰입니다. 하나는 '다른 사람의 물건을 가지다'라는 뜻입니다. 예를 들어, **Just keep the umbrella.**는 "(나에게는 하나 더 있으니) 이 우산은 네가 가져."라는 의미입니다. 드라마 〈에밀리, 파리에 가다〉에서는 가브리엘이 에밀리에게 **You can keep the omelet pan.**이라고 말하며 자신의 팬을 주는 장면이 나오는데, 이 역시 같은 용례입니다. 또 다른 의미는 '무언가를 보관하거나 간직하다'입니다. 예를 들어, **I keep all my receipts just in case.**는 "혹시 몰라서 영수증은 다 가지고 있어요."라는 뜻입니다. 상황에 따라 '소유' 또는 '보관'의 의미로 달라지니, 문맥에 주의하며 익혀 두면 좋습니다.

MODEL EXAMPLES

1. That shirt doesn't fit me anyway. You can keep it.
   (자신의 셔츠를 빌려 간 친구에게 하는 말) 그 셔츠 어차피 나한테 안 맞아. 그냥 너 가져.

2. I always keep some snacks in my desk.
   난 책상 안에 늘 간식을 넣어 둔다.

3. I don't smoke, but I always keep a lighter on me.
   나는 담배는 안 피우는데 라이터는 늘 지니고 다닌다.

4. Where do you keep your spoons?
   (집에 온 친구가 하는 말) 숟가락은 어디에 있어?

5 I don't **keep** emails that are more than a year old.
나는 1년 넘은 이메일은 보관하지 않는다.

SMALL TALK

> You left your jacket in my car. I can turn around and bring it to you.
> 내 차에 너 재킷 두고 갔더라. 내가 차 돌려서 가져다줄 수 있어.

> No, no, that's OK. Just **keep** it until I see you next time.
> 아니야, 괜찮아. 다음에 볼 때까지 그냥 가지고 있어.

> It's finally spring. No more winter coats.
> 드디어 봄이다. 이제 겨울 코트는 더 이상 필요 없어.

> True. I'll have to get my luggage out.
> 맞아. 나 여행용 가방 꺼내 와야겠어.

> Why? Are you going on a trip?
> 왜? 여행 가는 거야?

> No, I **keep** my winter coats in my luggage because my closet is too small.
> 아니, 옷장이 너무 작아서 겨울 코트를 여행용 가방에 두거든.

FURTHER STUDIES

오늘은 SMALL TALK 1에서 나온 **turn around**라는 표현에 대해 학습하겠습니다.

turn around의 기본 의미는 글자 그대로 '몸이나 물체를 반대 방향으로 돌리다'입니다.

- 백화점에서 우연히 전 여자 친구를 발견한 남성은 같이 있는 지인에게 다음과 같이 말합니다.

    e.g. Don't **turn around**. I think that's my ex.
    돌아보지 마. 전 여자 친구인 듯해.

- 자신의 이름을 부르는 소리가 들려서 뒤를 돌아봤다는 말은 다음과 같이 표현할 수 있습니다.

    e.g. I **turned around** when I heard my name.
    내 이름 부르는 소리가 들려서 뒤를 돌아봤지.

- 다음은 공항에 가려고 택시를 탔으나 여권을 깜박한 일화를 얘기하는 상황입니다.

    e.g. I told the taxi to **turn around** because I forgot my passport.
    택시 기사에게 차를 돌려 달라고 했어. 여권을 깜박했거든.

다음 예문과 같이 **turn**과 **around** 사이에 목적어가 오는 경우도 많습니다.

   e.g. The pilot **turned** the plane **around**.
   조종사가 비행기 기수를 돌렸다.

turn around가 비유적인 의미로 쓰이면 '안 좋은 상황을 반전시키다' 또는 '안 좋은 상황이 호전[회복]되다'라는 뜻이 됩니다.

   e.g. I hope the incoming president can **turn** the economy **around**.
   이번에 취임하는 대통령이 경제를 살릴 수 있기를 바란다.

   e.g. Suzy's grades **have** really **turned around**.
   수지의 학점이 확 좋아졌다.

DAY 51 KEEP ②

This website keeps giving me an error message.

이 웹사이트에서 계속 에러 메시지가 떠요.

김재우의 영어관찰일기

동사 **keep** 다음에 동사의 **-ing** 형태가 오면 '계속 ~하다'라는 의미가 됩니다. 이때 주어 자리에는 사람과 사물 모두 올 수 있습니다. 예를 들어, **My brother keeps begging me for money.**(동생이 계속 돈을 달라고 졸라요.)는 사람이 주어로 온 경우입니다. **My shoes keep making a squeaking sound when I walk.**(걸을 때마다 신발에서 찍찍하는 소리가 계속 나요.)는 사물이 주어로 온 경우입니다. **keep**은 머리로는 잘 알고 있어도 정작 입에서는 쉽게 나오지 않는 대표적인 동사이니, 최대한 많은 문장을 통해 체화하는 것이 중요합니다.

MODEL EXAMPLES

1. I **keep** calling you Brian. Sorry about that, Ryan.
   내가 계속 너를 브라이언이라고 하네. 미안해, 라이언.

2. My girlfriend **keeps** asking me to take her camping.
   여자 친구가 계속 캠핑 데려가 달라고 조르네요.

3. This website **keeps** crashing.
   이 웹사이트가 계속 다운돼요.

4 Your dog **keeps** messing up my garden.
당신의 개가 저희 집 정원을 계속 엉망으로 만들어요.

5 This customer **keeps** making the same complaint about the price increases.
이 고객분이 가격 인상에 대해 같은 불만을 계속 제기하고 있습니다.

SMALL TALK

1

- The price of everything **keeps** going up.
  모든 것의 가격이 계속 올라.

- I know. I spend so much more on groceries these days.
  맞아. 요즘 식료품에 훨씬 많은 돈을 써.

2

- The coffee here is terrible.
  이 집 커피 너무 맛없어.

- That's true.
  맞아.

- Why do we **keep** coming back here after lunch every day?
  근데 왜 우리는 매일 점심 먹고 이 집에 계속 오는 거지?

- It's actually because I have a crush on the barista. I swear I'm going to ask her out someday.
  실은 내가 바리스타에게 반했거든. 언젠가 그녀에게 꼭 데이트 신청하려고 해.

FURTHER STUDIES

오늘은 SMALL TALK 2에서 소개한 관용 표현 **have a crush on**을 비롯해서 이성에 대한 감정이나 이성 관계를 묘사하는 표현을 학습하겠습니다.

- 우선 **have a crush on**은 뒤에 사람 명사가 와서 '~에게 반하다, 강한 호감을 느끼다' 라는 의미로 쓰입니다. 예를 들어 **I had a major crush on my 3rd grade teacher as a kid.**(어릴 때 3학년 담임 선생님한테 완전 반했잖아.)처럼 말할 수 있습니다.

- '눈이 높다, 콧대가 세다'는 **No one is good enough for her.** 또는 **She thinks she's too good for everyone.**과 같이 에둘러 표현할 수도 있습니다. "누구 만나는 사람 있니?"라고 할 때는 **Are you seeing anyone[someone]?**이라고 하며, 이에 대한 답으로 "지금 만나는 사람 없어."라고 하려면 **I am not seeing anyone at the moment.**라고 표현합니다.

- "그녀는 만나는 사람이 있는 것 같아."라고 할 때는 **I think she is taken.**이라고 하는데, **take**는 무언가를 '가져가다, 채 가다'라는 의미이기 때문에 '그녀가 누군가에 의해 **taken** 되었다'는 말은 비유적으로 '만나는 사람이 있다'라는 뜻으로 쓰입니다.

- '~에게 데이트 신청을 하다'는 「**ask + 사람 + out**」으로, **Guys used to always ask me out when I was working at a café.**(카페에서 일할 때 남자들이 늘 데이트 신청을 했었지.)라고 할 수 있습니다.

- 마지막으로 '천생연분'에 해당하는 표현은 **be meant for each other**이며 다음 대화문에서 용례를 확인해 보겠습니다.

    e.g. A: You know that girl Sam met last night? I heard she named her cat after a *Star Wars* character.
    어젯밤 샘이 만난 여자 알지? 그 여자가 자기 고양이 이름을 〈스타워즈〉 캐릭터 이름으로 지었대.

    B: Wow, they **are meant for each other**.
    우와, 둘이 천생연분이네.

DAY | 52 KEEP ③

Wow, how do you keep your bathroom so clean?

와, 욕실을 깨끗하게 관리하는 비결이 뭐예요?

김재우의 영어관찰일기

동사 keep은 「keep + 목적어 + 목적보어(형용사)」의 형태로 쓰여 '~를 …한 상태로 유지시키다'라는 의미를 지닙니다. 욕실을 청소하는 행위는 clean 또는 clean up으로 표현하지만, '깨끗이 유지하다'라고 할 때는 keep the bathroom clean이 됩니다. '창문을 열다'는 open the window이지만 '열어 두다'라고 할 때는 keep the window open이라고 합니다. 이 둘의 차이는 '행위'와 '상태'라는 점을 꼭 기억합시다.

MODEL EXAMPLES

1. Should I keep my hair short?
   나 머리 짧게 하고 다닐까?

2. Please keep it quiet while I'm on the phone.
   제가 통화하는 동안 조용히 해 주세요.

3. You can use my car tonight, but please keep it clean this time.
   오늘 밤에 내 차를 써도 돼. 근데 이번엔 제발 깨끗하게 써.

4. I'll keep you up-to-date regarding our meeting.
   회의 관련해서 새로운 소식 계속 알려 드리겠습니다.

5 I have something to share, but I'll **keep** it brief.
말할 게 있는데, 간단하게 할게.

SMALL TALK

1

Jerry is 52 years old? I thought he was in his 30s.
제리가 52세라고? 30대인 줄 알았어.

Yeah, he really **keeps** himself fit.
응, 정말 몸매 관리를 제대로 하는 분이지.

2

You look a little stressed out today, Tom. Are you OK?
톰, 오늘 좀 신경 쓰이는 일 있어 보이는데. 괜찮아?

Well, I just found out my wife is pregnant. I'm still a little shocked.
음, 방금 아내가 임신한 걸 알게 되었어. 아직 얼떨떨해.

Wow, congratulations! I know you guys have been trying for a while.
와, 축하해! 너희가 그동안 노력해 온 거 알고 있어.

Yes, thank you, but could you please **keep** it private for now?
응, 고마워. 그런데 당분간은 비밀로 해 줄 수 있을까?

FURTHER STUDIES

오늘은 SMALL TALK 2에서 나온 **a while**이라는 표현을 살펴보겠습니다. **a while**은 정확히 특정된 시간이 아니라, 맥락에 따라 짧을 수도 길 수도 있는 '어느 정도의 시간'을 뜻합니다. 상황에 따라 '한참, 한동안'이라는 의미로 쓰이며, **little**과 함께 **a little while**로 쓰이면 '잠시'라는 뜻으로, 짧은 시간을 강조하는 뉘앙스를 줍니다.

- 다음 예문에서는 '잠시'라는 뜻으로 쓰였습니다.

    e.g. Can you wait here for **a little while**? I'll be right back.
    여기서 잠시만 기다려 줄래? 금방 돌아올게.

- 아래 예문들은 '제법 긴 시간, 한동안, 꽤 오랜 시간'이라는 뜻일 때입니다.

    e.g. It's been **a while** since I went to the movie theater.
    영화관에 간 지 꽤 됐네요.

    e.g. A: You want to go to Paju for dinner? Now?
    저녁 먹으러 파주까지 가자고? 지금?

    B: Yeah, it might take **a while** to get there, but trust me, it's worth the drive.
    응, 가는 데 좀 걸릴 수도 있긴 한데, 날 믿어 봐, 운전해서 갈 만한 가치가 있어.

    e.g. **A while** ago, I was running and I tweaked my ankle. It's still tender.
    달리기하다가 발목이 접질린 지가 꽤 되었는데, 아직도 아프다.

    e.g. It's been quite **a while** since I broke up with Jenna, but I'm still not over her.
    제나랑 헤어진 지가 한참 됐는데, 아직 못 잊겠어.

DAY | 53 — LEAVE ①

I'm leaving on the first flight out tomorrow.

내일 첫 비행기로 출국합니다.

김재우의 영어관찰일기

leave가 자동사로 쓰일 경우 물리적인 장소를 '떠나다, 출발하다'라는 의미가 됩니다. 예를 들어, 한국에 방문한 미국인 친구에게 "언제 다시 미국으로 가니?"라고 한다면 **When are you leaving?**이라고 할 수 있으며, 이에 대한 답은 대표 문장과 같이 **I'm leaving on the first flight out tomorrow.**로 표현할 수 있습니다. 또한, **leave**는 가족이나 회사와 같이 원래 자신이 소속된 곳에서 '떠나다, 그만두다'라는 의미도 있으며, MODEL EXAMPLES 5번이 이 경우에 해당하는데, '가족을 버리고 떠났다'라는 뜻입니다.

MODEL EXAMPLES

1. I just **left** on the bus, so I'll be home soon.
   방금 버스 타고 출발했으니까, 곧 집에 도착할 거야.

2. Gabrielle **left** laughing with her friends a few minutes ago.
   가브리엘이 몇 분 전에 친구들과 웃으면서 가던데요.

3. The train is about to **leave**. Hurry up!
   기차가 곧 출발하려고 해. 서둘러!

4. **Are** you **leaving** already?
   벌써 일어나려고?

5 My dad **left** shortly after I was born.
내가 태어난 직후 아버지가 가족을 떠나 버렸다.

SMALL TALK

1

🧑 Looking through more job applications?
추가로 이력서 보시는 거예요?

👦 Yeah, another intern **left**. I can't get any of them to stay longer than a couple weeks.
네, 인턴 한 명이 더 나갔어요. 누구도 몇 주 이상을 붙들어 둘 수가 없네요.

2

🧑 Oh, no, it looks like my bus just **left** three minutes ago.
이런, 보니까 제가 탈 버스가 3분 전에 막 떠났네요.

👦 Shoot*, when does the next one come?
아이고, 다음 버스는 언제 와요?

*shoot: 실망, 속상함, 놀람을 표현하는 부드러운 표현으로 shit, damn(젠장, 제기랄)이 순화된 표현이며, 한국어의 '아, 이런' 정도에 해당

🧑 30 minutes. We might as well have another drink.
30분 있다가요. 이왕 이렇게 된 거 한 잔 더 하는 게 낫겠네요.

👦 Sounds good to me. I'll buy.
저야 좋죠. 제가 살게요.

DAY | 53 **LEAVE** ① 195

FURTHER STUDIES

오늘은 SMALL TALK 1의 내용에서 연상되는 취업과 관련된 표현을 학습하겠습니다.

- 흔히들 "저 친구 스펙 좋군."이라고 하는데, 이때 '스펙'에 해당하는 단어는 **credentials** 입니다. 우리가 말하는 '스펙(**spec**)'은 제품 등의 사양을 뜻하는 **specifications**의 약어인 셈인데, 사람에게는 쓰지 않는 단어입니다. 스펙이 좋다는 말을 영어로 표현하면 **He looks good on paper.**(그는 서류상으로 좋아 보인다.) 정도가 됩니다.

- "괜찮은 지원자가 몇 있다."라는 말은 **We have a few good candidates.**라고 하면 됩니다. "면접이 몇 개 잡혀 있다."는 **lined up**이라는 표현을 써서 **I have a couple interviews lined up.**이라고 합니다.

- 오버 스펙, 즉 지원자의 역량이 필요 이상으로 뛰어날 때는 **qualified** 앞에 **over**를 붙여서 **The problem is you're overqualified for this position.**(자네가 이 일을 하기에는 스펙이 너무 좋다는 점이 문제야.)과 같은 식으로 표현합니다.

- "새 직장이 정해질 때까지는 사표 쓰면 안 돼."라는 말은 **Don't leave your current job until you have a new job lined up.**이라고 표현합니다.

- 쉬면서 직장을 알아보고 있는 상태라면 **in between jobs**라는 관용 표현을 써서 **I'm in between jobs at the moment.**(지금은 다음 직장 알아보고 있어요.)라고 할 수 있습니다.

DAY | 54 LEAVE ②

I left you some pizza over there if you're hungry.

배고프면 먹으라고 거기 피자 좀 놔 두었어요.

김재우의 영어관찰일기

오늘 학습할 leave는 「leave + 목적어」와 「leave + 간접목적어 + 직접목적어」의 형태로 쓰여 '~을 의도적으로 (어디에) 두다, 의도치 않게 ~을 깜박하고 (어디에) 두고 오다, ~에게 메시지, 후기, 쪽지 등을 남기다'라는 의미를 나타냅니다. 예를 들어 음식점에서 팁을 줄 때 **I left a tip on the table.**(테이블 위에 팁을 뒀어요.)이라고 할 수 있습니다. 「leave + 간접목적어 + 직접목적어」의 형태로 쓸 경우 대표 문장과 같이 간접목적어로는 '사람'이, 직접목적어로는 '사물'이 올 수 있습니다. 많은 학습자가 헷갈려 하는 **leave**와 **keep**의 차이점은 FURTHER STUDIES에서 살펴보겠습니다.

MODEL EXAMPLES

1. I **left** an extra key under the door for you.
   너를 위해 여분의 키를 문 아래에 두었어.

2. It really bothers me when people **leave** negative comments on YouTube.
   사람들이 유튜브 영상에 부정적인 의견을 남기면 정말 거슬린다.

3. I **left** my wallet in the taxi.
   택시에 지갑을 두고 내렸다.

4 The neighbor **left** a rude note on the door.
그 이웃이 문에 아주 무례한 쪽지를 붙여 두었다.

5 I **left** my taxi driver a 5-star review. He was exceptional.
택시 기사님에게 별 5개짜리 후기를 남겼어. 정말 훌륭하셨어.

SMALL TALK

1

🧑 If you hate your haircut so much, **leave** them a bad review.
머리 스타일이 그렇게 마음에 안 들면 후기를 안 좋게 남겨 버려.

👩 No way. He'll definitely know it was me.
안 돼. 그가 무조건 나인 줄 알 거야.

2

🧑 I **left** my backpack on the KTX train last week.
지난주에 KTX 열차에 내 백팩을 두고 내렸지 뭐야.

👩 Really? Did you get it back?
정말? 찾았어?

🧑 Yeah, I called them, and I was able to pick it up around midnight, thankfully.
응, 전화했더니 다행히도 자정쯤에 찾아올 수 있었어.

👩 Didn't you **leave** your wallet in a taxi last month, too? Stop doing that!
지난달에도 택시에 지갑 두고 내리지 않았어? 이제 그러지 좀 마!

FURTHER STUDIES

오늘은 **leave**와 **keep**의 용례 차이에 대해 학습하겠습니다. 두 동사의 차이점을 어렴풋이 알고 있었다면, 오늘 학습을 통해 정확히 이해하시기 바랍니다.

「**leave** + 명사」와 「**keep** + 명사」의 차이는 다음과 같습니다.

- **leave**: 실수이든 의도한 것이든 일시적/일회성으로 무언가를 어딘가에 두거나 두고 올 때
- **keep**: 상시적/의도적으로 무언가를 어딘가에 두거나 보관할 때

다음 예문들을 통해 확인해 보겠습니다.

- e.g. I couldn't find my phone for a while. I **had** accidentally **left it** under the blanket.
  한동안 핸드폰을 못 찾았는데, 실수로 이불 속에 두고 나왔더라고.

- e.g. Don't **leave your wet towels** on the floor.
  젖은 수건은 바닥에 두지 마.

- e.g. Should I **leave this cup** here?
  이 컵 여기 두면 되나?

- e.g. I **keep the towels** above the sink.
  나는 보통 수건을 세면대 위쪽에 둔다.

- e.g. I **keep my car keys** in the drawer.
  나는 차 키를 서랍 안에 둔다.

LEAVE ③

DAY | 55

Do you want me to leave the door open?
문을 열어 둘까요?

김재우의 영어관찰일기

동사 leave는 「leave + 목적어 + 목적보어(형용사/현재분사/과거분사)」의 5형식으로 쓰여 '~을 …한 상태로 두다, 만들다'라는 의미를 갖습니다. 사람, 사물, 상황 모두 주어로 올 수 있으며, 대표 문장은 leave the door open(문을 열린 상태로 두다)의 의미상의 주어가 me이므로 사람이 주어인 경우입니다. **The breakup left him heartbroken.**은 상황이 주어인 경우로, '이별로 인해 가슴이 찢어졌다.'라는 말입니다. 다양한 예문을 통해 좀 더 익숙해지도록 합시다.

MODEL EXAMPLES

1. My husband **left** all his dirty dishes piled up in his room.
   남편이 자기 방에 설거지 안 한 그릇들을 쌓아 둔 채로 그냥 뒀더라고요.

2. My wife **left** her car running in the garage.
   아내가 차를 시동을 안 끈 채 차고에 둔 거 있죠.

3. We **left** the fridge empty and went on our vacation.
   우리는 냉장고를 비워 둔 채로 휴가를 떠났어요.

4. The meeting **left** everyone discouraged.
   그 회의 때문에 모두가 낙담했다.

5 The game **left** the crowd thrilled.
그 경기로 관중들이 매우 들떴다.

SMALL TALK

You **left** a load of laundry all wet in the washing machine.
빨래 더미를 전부 젖은 채로 세탁기에 그대로 뒀더라.

Oh, I forgot. I'm sorry. I'll rewash those clothes in the morning.
아, 깜박했어. 미안. 아침에 다시 그 옷들을 세탁할게.

Why is your desk all wet?
책상이 왜 온통 젖은 거야?

It started raining while I was out.
외출해 있는 동안에 비가 오기 시작했거든.

You **left** the window open again, didn't you?
또 창문을 열어 뒀구나, 그렇지?

Well, it was nice when I **left**! Why does it always rain when I'm not at home?
응, 나갈 때는 날씨가 좋았거든! 왜 내가 집에 없으면 늘 비가 오는 거야?

FURTHER STUDIES

오늘은 SMALL TALK 2에서 소개한 **You left the window open again, didn't you?** (또 창문을 열어 뒀구나, 그렇지?)에 나오는 '부가의문문'에 대해 학습하겠습니다. 부가의문문이란 앞에 나온 평서문 문장이 긍정문이면 부정으로, 부정문이면 긍정으로 의문문 형태를 덧붙이는 것으로 동의나 확인을 구하는 역할을 합니다.

It's cold today, isn't it?(오늘 춥다, 그렇지?)이라는 문장에서의 **isn't it?**이 대표적인 부가의문문입니다. 이때, 앞 문장의 동사가 **be동사**이므로 부가의문문도 **be동사**로 표현한 것입니다. **You don't eat meat, do you?**(너 고기 안 먹지, 그렇지?)와 같이 일반동사를 쓴 문장의 부가의문문에는 **do/does/did**를 사용해야 한다는 점도 기억합시다.

아래 대화문들을 통해 부가의문문에 좀 더 익숙해져 봅시다.

e.g. A: You're a baseball fan, aren't you?
　　　너 야구 팬이지, 그렇지?
　　B: I am. Why do you ask?
　　　맞아. 근데 왜 묻는 거야?

e.g. A: Tomorrow's your birthday, isn't it?
　　　내일 네 생일 맞지, 그렇지?
　　B: Yeah, how did you know?
　　　응, 어떻게 알았어?

e.g. A: It smells like it's going to rain, doesn't it?
　　　비가 올 것 같은 냄새가 나네, 그렇지?
　　B: I don't smell anything.
　　　난 아무 냄새도 안 나는데.

DAY 56 BRING

Do you mind if I bring Nick with me?

닉을 데려가도 되나요?

김재우의 영어관찰일기

동사 **bring**은 '~을 가지고 가다/오다, 데리고 가다/오다'라는 의미를 지니고 있습니다. 「**bring + 목적어(사람/사물)**」(3형식)와 「**bring + 간접목적어(사람) + 직접목적어(사물)**」(4형식)의 두 가지 형태로 사용됩니다. "오늘은 점심을 싸 왔어요."라고 할 경우 **I brought my lunch today.**라고 할 수 있으며, "네가 물어봤던 그 차 너 주려고 가져왔어."라는 말은 **I brought you that tea that you asked about.**으로 표현할 수 있습니다. **bring**이 추상적인 의미로 쓰이는 경우도 많은데, 이 부분은 FURTHER STUDIES에서 자세히 설명하도록 하겠습니다.

MODEL EXAMPLES

1. I didn't **bring** my wallet. Can I pay you back later?
   지갑을 안 가져왔네요. 나중에 돈 드려도 되나요?

2. These cookies are great. I'll **bring** them to the office to share.
   이 쿠키 정말 맛있어. 같이 먹게 사무실에 가져갈게.

3. I **brought** you a coffee.
   너 주려고 커피 가져왔어.

4. Let me **bring** you a blanket—you look cold.
   담요 가져다줄게. 추워 보이네.

5 Could you bring me some dried mangoes from Vietnam?

(베트남에 가는 친구에게 하는 말) 말린 망고 좀 사다 줄 수 있어?

SMALL TALK

1

Mina brought her dog to work again today.
미나가 오늘 또 개를 회사에 데리고 왔어.

I saw that. She gets up to take it outside, like, every 30 minutes.
나도 봤어. 거의 30분마다 일어나서 개를 데리고 나가네.

2

I'm packing for my trip to Singapore.
(싱가포르에 사는 친구에게) 싱가포르 여행 짐 싸고 있어.

That's fun. Are you going to bring your laptop?
재미있겠다. 노트북 가져올 거야?

I'm not sure. It's heavy, but I might want to do some work in my downtime.
잘 모르겠어. 무겁긴 한데 한가할 때 일을 좀 할 수도 있어서.

Just bring it. You won't have to walk around too much in Singapore.
그냥 가져와. 싱가포르에서는 걸어 다닐 일이 많지 않을 테니까.

FURTHER STUDIES

오늘은 **bring**의 추상적·비유적 의미에 대해 학습하겠습니다. 비유적 의미로 쓰이는 **bring**의 첫 번째 용법은 '어떠한 상황/원인/이유 등이 누군가를 어떤 장소로 데리고 오다'라는 의미로 쓰이는 경우입니다. 서울에 거주하는 영국인에게 "처음에 서울에는 어떻게 오게 된 거예요?"라고 물을 때는 **What initially brought you to Seoul?**이라고 합니다. 두 번째 용법은 '사람/사물이 어떠한 것을 가져오다'라는 의미로 쓰이는 경우인데, 이때의 '어떠한 것'은 눈에 보이는 것이 아닌 '추상적인 무언가'입니다.

다음 예문들을 통해 확실하게 감을 잡아 보겠습니다.

- e.g. What **brings** you over to my neighborhood?
  우리 동네는 어쩐 일로 온 거야?

- e.g. My love for Korean food **brought** me back to Seoul.
  한국 음식을 너무 좋아해서 다시 한국에 오게 되었습니다.

- e.g. A: I'm so glad we hired Kelly.
  켈리를 뽑아서 너무 다행이야.

  B: She **brings** a lot of enthusiasm to the company.
  켈리 덕분에 회사 분위기가 훨씬 활기 넘치지.

- e.g. Sally and Bobby **bring** a lot of drama to the office.
  샐리와 보비 때문에 사무실이 늘 시끄럽다.

- e.g. He doesn't **bring** much to the table*. Why did they hire him?
  그 친구는 회사에 전혀 도움이 안 돼. 왜 뽑은 거야?

  *not bring much to the table: '소속 집단에 도움이 되지 않는다'라는 뜻의 관용 표현

- e.g. A good cup of coffee **brings** me joy.
  나는 커피 한 잔만으로도 행복해진다.

- e.g. Her words **brought** me comfort.
  그녀의 말이 내게 위안이 되었다.

CHAPTER 3

대화와 글쓰기에 자주 쓰이는 빈출 동사

행동 · 변화 · 상태를 표현하며 회화에서 자주 쓰이는 동사

- HEAD
- COME
- PUT
- FEEL
- TURN
- MOVE
- RUN

- TRY
- STAND
- BREAK
- HURT
- NOTICE
- EXPECT
- LOSE
- CATCH

HEAD

DAY | 57

I'm heading down to Busan this weekend.

이번 주말에 부산 내려가요.

김재우의 영어관찰일기

head는 '~로 향하다, ~ 쪽으로 가다'라는 의미로 go에 비하여 방향을 강조하는 동사입니다. 예를 들어 "어디 가는 길이니?"라는 질문에 **I'm heading to the gym now.**라고 하면 "헬스장으로 가고 있어."라는 뜻이며, 여러 장소 중 '헬스장으로' 가는 중임을 강조하는 말이 됩니다. 동사 **go**와 **head**의 차이에 대한 심화 학습은 FURTHER STUDIES에서 이어가도록 하겠습니다.

MODEL EXAMPLES

1. We're **heading** to the airport now.
   우리 지금 공항으로 가.

2. Let's **head** north and see where the road takes us.
   북쪽으로 이동해서 길이 어디로 이어져 있는지 봅시다.

3. I'm **heading** out now. I might be five minutes late.
   (카카오톡 메시지) 나 지금 나가. 5분 늦을지도 몰라.

4. I'll **head** over to your place and pick you up after work.
   퇴근하고 너희 집 쪽으로 데리러 갈게.

5 Benny and Sally are going to **head** up after they get off work.
(파주 캠핑장에 가기로 한 상황) 베니랑 샐리가 퇴근하고 그쪽으로 이동할 거야.

SMALL TALK

I'm thinking of **heading** over to Japan next month.
다음 달에 일본에 갈까 싶어.

That sounds awesome! Are you going for work or just a vacation?
멋지다! 일 때문에 가는 거야, 아니면 그냥 휴가차 가는 거야?

It's getting pretty late. I guess I should call a taxi and **head** home.
시간이 꽤 늦었네. 택시 불러서 집에 가야 할 것 같아.

Are you sure? Taking a taxi all the way back to Suwon would be pretty expensive.
정말? 그 먼 수원까지 택시로 가면 엄청 비쌀 텐데.

Yeah, you're right. I didn't realize how far it actually is.
어, 네 말이 맞네. 수원까지 그렇게 멀다는 생각을 못 했네.

Feel free to just crash* on my couch.
그냥 편하게 우리 집에서 자고 가.

*crash: 보통 때 자는 곳이 아닌 곳에서 잠을 자다

FURTHER STUDIES

관찰일기에서도 언급한 것처럼 **head**는 여정보다는 '도착지, 목적지'에 초점이 맞춰진 동사입니다.

동사 **go**와 **head**는 다음과 같은 어감의 차이가 있습니다.

- **go**: '가는' 움직임 자체 또는 결과를 강조합니다.

    - e.g.   I **went** straight home after work.
        퇴근 후 곧장 집으로 갔다.

- **head**: '~로, ~ 쪽으로'와 같이 방향을 강조합니다.

    - e.g.   I **headed** straight home after work.
        퇴근 후 (회식 장소가 아닌) 집으로 바로 갔다.

다양한 예문을 통해 **head**의 어감을 확실히 익혀 봅시다.

- e.g.   I wanted to grab a coffee before **heading** back to work, but I don't think I can. Look at that line.
    사무실로 복귀하기 전에 커피 한 잔 사려고 했는데, 안 되겠다. 줄 좀 봐.

- e.g.   I'll **head** home after I stop by the store.
    (아내가 남편에게 보내는 메시지) 가게 좀 들렀다가 집에 갈 거야.

- e.g.   I'll be in my office if you want to **head** over after class.
    (교수가 학생에게 보내는 메시지) 사무실에 있을 테니 수업 끝나고 시간 되면 오세요.

- e.g.   The Asia regional director landed in Seoul and **headed** straight to the Samsung semiconductor plant.
    아시아 지역 총괄 이사는 서울에 도착하자 곧바로 삼성 반도체 공장으로 향했다.

DAY | 58 COME

Are you coming with us to the party?
파티에 우리랑 같이 가는 거지요?

김재우의 영어관찰일기

동사 **come**은 생각보다 까다로운 단어입니다. 보통 '오다'라고 할 경우 **come**을 떠올리지만, 실제로는 '가다'에 해당하는 상황에서도 **come**이 쓰입니다. **come**은 화자나 청자 중 한 명이 있는 장소, 혹은 함께 가기로 한 목적지로 향할 때 사용됩니다. 반면 **go**는 화자나 청자 모두 없는 곳으로 향할 때 쓰입니다. 예를 들어, 대표 문장인 **Are you coming with us to the party?**에서 화자는 파티에 갈 예정이며, 상대방도 그 파티에 함께 가기를 기대하고 있습니다. 즉, 두 사람이 공유하는 목적지인 '파티'에 함께 가는 상황이므로 **come**을 쓰는 것이 자연스럽습니다.

MODEL EXAMPLES

1. Mind if I **come** along?
   내가 따라가도 되나요?

2. Do you want me to **come** with you to the grocery store?
   마트에 내가 같이 가 줄까?

3. Do you want me to **come** over and take a look at the problem?
   내가 가서 그 문제 한번 살펴봐 줄까요?

4. **Is** your wife **coming** to the workshop, too?
   아내분도 워크숍에 가시나요?

5 My friends are coming over tonight.
오늘 밤 친구들이 (집에) 오기로 했다.

SMALL TALK

1

🙍‍♀️ We're leaving. Are you going to stay late tonight?
(퇴근하며 동료에게) 우리는 퇴근해요. 오늘 야근할 거예요?

🙍‍♂️ No, I'll come with you.
아뇨, 저도 같이 가요.

2

🙍‍♀️ My sister and I are coming to Busan next Friday.
나랑 내 여동생이 다음 주 금요일에 부산에 가.

🙍‍♂️ Oh, that's great. Are you guys staying long?
와, 잘됐다. 오래 있을 거야?

🙍‍♀️ Just the weekend. She wants to check out Haeundae Beach.
주말까지만 있어. 해운대 해변에 가 보고 싶대.

🙍‍♂️ Let me know when you go. I'm really excited about you guys coming.
너희 (해운대에) 언제 가는지 알려 줘. 너희 온다니 정말 기대된다.

FURTHER STUDIES

오늘은 SMALL TALK 2에서 소개한 **I'm really excited about you guys coming.** 이라는 문장과 관련 있는 '동명사의 의미상의 주어'에 대해 학습하겠습니다. 동명사는 동사의 원형에 **-ing**를 붙여 만든 형태로, 명사처럼 쓰이기 때문에 문장에서 주어, 동사의 목적어, 전치사의 목적어, be동사의 보어 같은 역할을 합니다.

- 주어 역할을 할 때

    e.g. **Swimming** every morning keeps me fit.
    매일 아침 수영하니 몸이 탄탄하게 유지된다.

- 동사의 목적어 역할을 할 때

    e.g. I enjoy **traveling**.
    나는 여행을 즐긴다.

- 전치사의 목적어 역할을 할 때

    e.g. I'm not interested in **learning** a foreign language.
    나는 외국어 배우는 것에 관심이 없다.

- be동사의 보어 역할을 할 때

    e.g. My favorite hobby is **drawing**.
    내가 가장 좋아하는 취미는 그림 그리기이다.

동명사가 전치사의 목적어로 쓰일 때, 그 동작의 주체가 문장 전체의 주어와 다를 경우, 동명사 앞에 동작의 주체를 명시하는 것을 '동명사의 의미상의 주어'라고 합니다. 문법적으로는 소유격 형태를 띠지만, 실제로는 목적격이 훨씬 더 자주 쓰입니다.

e.g. I'm really excited about **him joining** us for dinner.
그가 우리와 함께 저녁 식사 하러 온다는 게 너무 기쁘다.

e.g. The chances of **the LA Dodgers winning** the World Series are pretty good.
LA 다저스의 월드 시리즈 우승 가능성은 꽤 높다.

DAY 59 | PUT ①

They put me on the waiting list.
그쪽에서 저를 대기자 명단에 올려 줬어요.

김재우의 영어관찰일기

이 책에서는 동사 **put**을 크게 두 가지로 나눠 학습합니다. 오늘은 이 중 첫 번째 용법인 '행위'를 통해 '~을 …에 두다[놓다]' 또는 '행위'를 통해 '사물이나 사람을 어떠한 상태에 두다'라는 의미로 사용되는 경우에 대해 학습하겠습니다. **Put the groceries on the table.**(장 본 거 테이블 위에 놓아 둬.)이라는 문장이 '~을 …에 두다[놓다]'라는 의미로 사용된 가장 일반적인 예시입니다. 대표 문장인 **They put me on the waiting list.** 역시 오늘 학습할 용례에 해당하는 표현이며, MODEL EXAMPLES 4번의 경우는 '방해 금지 모드로 설정한다'라는 의미로 역시 '물리적으로 ~에 두다'라는 의미가 확장되어 쓰인 사례입니다.

MODEL EXAMPLES

1. Let's **put** your bag over here.
   네 가방을 여기에다 두자.

2. Let's **put** the sofa on that side of the room.
   소파는 방 저쪽에 놓읍시다.

3. Don't forget to **put** the milk back in the fridge.
   우유를 다시 냉장고에 넣는 거 잊지 마.

4. I always **put** my phone on "Do Not Disturb" after 8 p.m.
   나는 항상 저녁 8시 이후에는 핸드폰을 '방해 금지' 모드로 설정한다.

5 Don't forget to put your name on the signup sheet.
신청서에 성함 기재하는 거 잊지 마세요.

SMALL TALK

🧑 Are you still on the phone with the bank?
아직 은행 직원이랑 통화 중이야?

👦 Yes, they put me on hold like 20 minutes ago. This is ridiculous.
응, 20분 전에 나를 대기 상태로 두었어. 이건 말도 안 돼.

🧑 Hey, Jack, do you think I can put this in the microwave?
저기, 잭, 이거 전자레인지에 넣어도 될까?

👦 Check the bottom. Plastic usually has some kind of symbol that says if it's microwave safe or not.
아랫부분을 확인해 봐. 플라스틱에는 보통 전자레인지에 사용해도 되는지 안 되는지에 대한 표시가 있거든.

🧑 Oh, I see. It appears that I cannot.
아, 알겠어. 전자레인지 돌리면 안 될 것 같네.

👦 I just saved your life!
내가 너 살렸다!

FURTHER STUDIES

오늘은 SMALL TALK 2에 나온 **Do you think ~?**를 이용해 조심스럽게 부탁하거나 의견을 묻는 표현을 학습하겠습니다. 부탁할 때 쓸 수 있는 표현은 매우 많은데, 그중에서 **Could you do something for me?**와 **Do you think you could do something for me?**는 어떻게 다를까요?

Could you ~?만 쓰면 예의 바르게 들리면서도 직설적인 어감을 줍니다. **Could you pick me up from the airport?**라고 하면 "공항에 마중 좀 나와 줄 수 있나요?" 정도의 어감으로, 어느 정도 예의를 갖추기는 했지만, 상대가 시간이 되는지, 다른 일정은 없는지에 대한 고려까지는 없이 그냥 '부탁'하는 느낌입니다.

반면, 같은 상황에서 **Do you think you could pick me up from the airport?**라고 하면 좀 더 상대를 배려하는 느낌을 주며, "혹시 가능할까요?(다른 일정 등은 없는지요?)" 정도의 어감이 추가됩니다. 상대방의 입장을 생각하면서 조심스럽게 표현하는 방법인 셈입니다.

다음 예문들을 통해 좀 더 살펴보겠습니다.

- e.g. **Do you think we could** have a couple extra sessions this week?
  (원어민에게 회화 수업을 받는 한국인 학생의 말) 이번 주에 두세 번 더 수업할 수 있을까요?

- e.g. **Do you think you could** get me to the airport in the morning?
  혹시 오전에 저 공항까지 좀 데려다주실 수 있을까요?

- e.g. **Do you think your wife could** translate this for me?
  (번역가인 아내를 둔 지인에게 하는 말) 아내분이 이거 번역 좀 해 주실 수 있을지요?

- e.g. **Do you think you could** help me with my website?
  웹사이트 만드는 것 좀 도와줄 수 있을까요?

DAY | 60 PUT

Nasty comments always put me in a bad mood.

악플은 늘 제 기분을 안 좋게 합니다.

김재우의 영어관찰일기

DAY 59가 '행위'를 나타내는 **put**에 대한 학습이었다면, 이번에는 '상황 또는 성질'이 목적어(사람 또는 사물)를 '~한 상태에 빠뜨리다, ~한 상황에 놓이게 하다'라는 의미의 **put**에 대해 학습하겠습니다. 어떤 칭찬을 듣고 기분이 좋아지는 경우 **That compliment really put me in a good mood.**(그 칭찬을 들으니 기분이 좋아졌다.)로 표현할 수 있습니다. 대표 문장인 **Nasty comments always put me in a bad mood.** 역시 오늘 학습 주제에 부합하는 멋진 원어민식 표현입니다. 이러한 **put** 동사를 잘 쓰기 위해서는 주어를 상황이나 사물로 잡는 연습이 필요합니다.

MODEL EXAMPLES

1. That phone call **put** me in a good mood.
   그 전화를 받았더니 기분이 좋아졌다.

2. This music always **puts** me to sleep.
   이 음악을 들으면 늘 잠이 온다.

3. He **puts** me at ease.
   그는 나를 편안하게 해 준다.

4. Something about Korean summer **puts** me in a bad mood.
   한국 여름은 뭔가 기분을 안 좋게 만든다.

5 The sudden rain **put** us in a bad situation.
(산 정상에서 있었던 일화 중) 갑자기 내린 비 때문에 곤란한 상황에 처하게 되었다.

SMALL TALK

🧑 After my mom's heart attack this year, seeing my health report really **put** me at ease.
올해 어머니가 심근 경색을 겪은 뒤라, 건강 검진 결과를 보니 정말 마음이 놓여.

👦 I know what you mean. Waiting for the results of an important test makes me anxious.
무슨 말인지 알지. 중요한 검사 결과 기다리는 건 너무 초조하니까.

🧑 Why do the people's faces keep changing on my screen?
(줌 회의 상황에서) 내 화면에서는 왜 사람들 얼굴이 자꾸 바뀌는 거지?

👦 On a Zoom call, it **puts** the speaker on display.
줌 통화에서는 말하는 사람이 화면에 뜨거든.

🧑 Oh, I see. So the person speaking **is put** in the large window.
아, 알겠다. 그래서 말하는 사람이 큰 창에 나오는구나.

👦 Exactly! You'll get used to it.
그렇지! 익숙해질 거야.

FURTHER STUDIES

오늘은 MODEL EXAMPLES에 나온 **in a good/bad mood**와 관련해, '기분 상태'를 나타내는 표현을 학습하겠습니다.

- **in a good mood**는 '기분이 좋은'이며, 반대말은 '기분이 안 좋은'이라는 뜻의 **in a bad mood**입니다. 다음 대화문으로 확인해 봅시다.

    e.g. A: You're **in a good mood**, aren't you?
    너 기분 좋은 거 맞지?
    B: Do I seem like it? Maybe I am.
    그렇게 보이니? 그럼 그럴지도.

- 사람이 기운이 없거나 우울해 보일 때 가장 흔히 쓰는 표현은 **down**입니다. 예를 들어, "그 친구 영 힘이 없어 보여."는 **He seems down.**이라고 할 수 있습니다. 이럴 때의 **down**은 **depressed**(우울한), **low on energy**(힘이 없는), **blue**(우울한)로 바꾸어 표현할 수도 있습니다.

- 짜증 내고, 예민하고, 신경질적인 상태를 나타낼 때는 **grumpy**라는 단어를 씁니다. 아래 대화문을 통해 자연스럽게 익혀 봅시다.

    e.g. A: Have you talked to Dad lately?
    최근에 아빠랑 이야기해 봤어?
    B: No, why?
    아니, 왜?
    A: He seemed really **grumpy** over the phone.
    전화 통화할 때 무척 예민해 보이시더라.
    B: I see. I'll stop by tomorrow and try to cheer him up.
    그렇구나. 내일 들러서 기분 좀 풀어 드려야겠다.

- 형용사 **chill**을 사용해 편안하고 느긋하며 여유 있는 상태를 나타내기도 합니다. 예를 들어, "그녀는 늘 여유가 있어 보여."는 **She's always chill.**이라고 할 수 있습니다.

DAY 61 | FEEL

This suit feels expensive.
이 양복 (촉감이) 비싼 느낌이에요.

김재우의 영어관찰일기

많은 학습자가 I feel tired.처럼 사람이 주어일 때의 feel 동사에만 익숙합니다. 하지만 원어민들은 it, 사물, 동명사 등을 주어로 하여 사람 이외의 것들이 어떤 느낌을 주는지 표현할 때도 feel을 매우 자주 씁니다. 예를 들어, 어떤 공간이 춥게 느껴질 경우 It feels cold here.(여기 춥다.)로 표현합니다. 또는 대표 문장에서처럼 상대의 옷을 손으로 만지며 This feels expensive.(비싸게 느껴져요.)라고 할 수 있습니다. 이처럼 「It/사물/동명사 주어+feel(s)+형용사」 구문은 자연스러운 원어민식 표현이므로, 익숙해지도록 자주 연습하는 것이 좋습니다.

MODEL EXAMPLES

1. The room **feels** cozy and warm.
   그 방은 아늑하고 따뜻한 느낌이다.

2. It **feels** weird to be back in my hometown.
   다시 고향에 오니 기분이 이상하다.

3. My stomach **feels** bloated*.
   배가 더부룩해요.

   *bloated: 부풀어 오른, 팽창한, 더부룩한

4. Running into my ex yesterday **felt** awkward.
   어제 전 여자 친구를 우연히 마주쳤는데 겸연쩍었어.

5 Something **feels** stuck in my throat.
목에 뭔가 걸린 것 같아.

SMALL TALK

1

🧑 Why do you want to change seats?
(지하철에서 여자 친구에게) 왜 자리를 바꾸려 하는 거야?

👩 Something **feels** off about the guy across from us. He keeps staring at me weird.
맞은편에 앉은 남자 뭔가 좀 이상해서. 계속 나를 이상하게 쳐다보잖아.

2

🧑 Just break up with her already.
그녀랑 그냥 헤어져 버려.

🧑 I need to, but I don't see her until Saturday…
그래야 하는데, 토요일이나 되어야 얼굴을 보니….

🧑 Why wait? Just text her. That's what I always do.
뭘 그때까지 기다려? 그냥 문자 해. 난 늘 그렇게 헤어지는데.

🧑 No, it doesn't **feel** right to break up with someone on KakaoTalk.
안 돼, 카카오톡으로 헤어지는 건 뭔가 아니다 싶어.

FURTHER STUDIES

오늘은 관찰일기에서 나온 **It feels cold here.**와 **I feel cold.**의 뉘앙스 차이를 살펴보겠습니다.

It feels cold.는 객관적으로 '자신이 있는 공간이 춥게 느껴진다'는 어감인 반면 **I feel cold.**는 '자신이 춥다고 느낀다'는 어감입니다. 상대에게 "너 지금 춥니?"라고 하려면 **you**를 주어로 해서 **Are you cold?**라고 하면 됩니다. 반면, "여기(이 방, 이 사무실) 춥니?"라고 하려면 **it**을 주어로 해서 **Is it cold here?**라고 하면 됩니다. 결국 '어떠한 공간이 추운지' 아니면 '내가 춥다고 느끼는지'에 따라 표현이 달라지는 것입니다.

다음 예문을 확인해 봅시다.

- e.g. **It feels pretty cold** outside… shouldn't we take our coats?
  밖이 꽤 추운 것 같은데… 우리 코트 챙겨야 하는 거 아니야?

- e.g. **I feel cold** even when everyone else says it's warm.
  다른 사람들은 모두 따뜻하다고 하는데 나는 춥다.

다음 두 예문을 통해 **It feels ~**와 **I feel ~**의 차이에 대한 정확한 감을 잡아 보겠습니다.

- e.g. **It feels awful** to lose a job.
  직장을 잃는다는 건 정말 끔찍한 일이지. (객관적인 사실이자 일반적으로 그렇다는 말)

- e.g. **I feel awful** because I lost my job.
  직장을 잃어서 너무 괴로워. (자신의 감정을 표현한 말)

DAY | 62 TURN

I can't believe you've already turned 30.
당신이 벌써 서른이 되었다니 믿기지가 않는군요.

김재우의 영어관찰일기

동사 **turn**이 「**turn + 형용사**」 형태의 2형식 구문으로 쓰이면 '갑작스럽게 또는 완전히 다른 것으로 바뀌다'라는 의미가 됩니다. **become**이 단순히 '~가 되다'라는 의미인데 반해 **turn**은 'A라는 상태에서 B라는 완전히 다른 상태로 바뀐다'라는 의미입니다. 오전까지만 해도 맑던 날씨가 오후가 되자 비바람이 몰아칠 경우 **The weather turned nasty by the afternoon.**(오후가 되자 날씨가 안 좋게 변했다.)이라고 표현할 수 있습니다.

MODEL EXAMPLES

1. The sky turned dark.
   하늘이 갑자기 어두워졌다.

2. His face turned pale when he heard the news.
   그 소식을 듣자 그의 얼굴이 창백해졌다.

3. The milk has turned sour.
   우유가 상해 버렸다.

4. The conversation suddenly turned awkward.
   대화 분위기가 갑자기 어색해졌다.

5. The crowd turned violent after the announcement.
   발표 후 군중들이 폭력적으로 변했다.

SMALL TALK

1

🧑 How did you feel when you **turned** 40?
마흔이 되었을 때 어떤 느낌이었나요?

🧑 I didn't feel anything. Age is just a number. If anything, I'd say I still feel like I'm 22.
특별한 느낌은 없었어요. 나이는 그냥 숫자에 불과하죠. 굳이 말하자면, 저는 아직도 스물두 살인 것 같은 기분이에요.

2

🧑 Did you see the news about the protest?
그 시위에 관한 뉴스 봤어?

🧑 Yeah, I was there. It **turned** chaotic, and I got out of there.
응, 나 거기 있었어. 상황이 갑자기 너무 혼란스러워져서 빠져나왔지.

🧑 Whoa, I'm glad you didn't get hurt.
아, 안 다쳐서 다행이다.

🧑 I know, I won't go again. Those events often **turn** violent.
그러게, 다시는 안 갈 거야. 그런 시위들은 자주 폭력적으로 변하거든.

FURTHER STUDIES

오늘은 **turn**의 관용 표현인 **turn A into B**에 대해 학습하겠습니다. 이 표현은 원래 'A이던 것(사물, 상황)을 B로 완전히 바꾸다'라는 의미입니다. '왼쪽으로 돌다'를 **turn left**라고 하는 데서 알 수 있듯이 **turn**은 방향이나 성질이 완전히 바뀌는 것을 나타내는 동사입니다. **turn A into B**에서 목적어 자리인 A에는 사물 명사뿐만 아니라 상황을 가리키는 명사도 올 수 있습니다. 대표적인 표현이 **turn a crisis into an opportunity**(위기를 기회로 바꾸다)입니다.

다음 다양한 예문들을 통해 좀 더 자세히 살펴보겠습니다.

- e.g. They **turned** the sewage treatment plant **into** a park back in the 1990s.
  (서울시에서 공간을 새롭게 변경한 경우) 서울시는 1990년대에 그 하수처리장을 공원으로 만들었다.

- e.g. They're busy **turning** the ground floor **into** a cafeteria.
  (백화점 리모델링 상황) 백화점 측에서 1층을 카페 공간으로 만드느라 바쁘다.

- e.g. I **turned** my room **into** a recording studio.
  내 방을 녹음실로 바꾸었다.

- e.g. They **turned** that old church **into** a café.
  (시에서 건물을 다른 용도로 변경한 경우) 시에서 오래된 교회를 카페로 만들었다.

- e.g. A: Did you know this used to be a baseball stadium?
  원래 여기 야구 경기장이었던 것 알아?
  B: Really? When did they **turn** it **into** an apartment complex?
  정말? 언제 그걸 아파트 단지로 만든 건데?

DAY | 63　MOVE

Is it OK if I move the fan away from me?
선풍기 좀 저쪽으로 옮겨도 될까요?

김재우의 영어관찰일기

move는 여느 동사처럼 자동사와 타동사 모두로 쓰입니다. 자동사일 땐 '움직이다, 이동하다'라는 의미이고, 타동사일 땐 '~을 옮기다, 이동시키다'라는 뜻입니다. 예를 들어 "춥다. 안으로 들어가자."라는 말을 원어민은 흔히 **It's cold. Let's move inside.**라고 합니다. 하지만 많은 학습자가 실제 대화에서 **move**를 제대로 활용하지 못하는 것을 볼 수 있습니다. 이처럼 동사의 쓰임을 아는 것과 실제로 말할 수 있는 것에는 차이가 있으므로, 반복 연습하여 자연스럽게 익혀 가길 바랍니다.

MODEL EXAMPLES

1. We **moved** up to the front, near the stage.
   (공연장에서) 우리는 앞쪽, 무대 근처로 이동했다.

2. This guy needs to **move** out of the way.
   (운전을 하는 상황) 저 사람이 좀 비켜 줘야 하는데.

3. People **move** so slow in Europe.
   유럽 사람들은 너무 천천히 다닌다.

4. The cars **moved** over as the ambulance came through.
   구급차가 지나가자 차들이 옆으로 비켰다.

5 I **moved** my books into this room.
내 책들을 이 방으로 옮겼다.

SMALL TALK

- I can't get to sleep these days.
  요즘 잠들기가 어려워.

- Maybe **move** your bed away from the window. Too much streetlight comes in there.
  침대를 창문에서 멀리 좀 옮겨 보는 건 어때? (창문을 통해) 가로등 불빛이 너무 많이 들어오니까.

- This hotteok place is super popular.
  이 호떡집 인기가 장난이 아니야.

- Yeah, the line is super long, but I hope it's good.
  응, 줄이 진짜 기네. 그런데 맛이 있어야 할 텐데.

- I don't see many people leaving.
  가는 사람들이 별로 안 보여.

- You're right. The line **isn't moving** at all.
  맞아. 줄이 전혀 줄어들지 않아.

FURTHER STUDIES

오늘은 동사 **move**의 독특한 용례에 대해 심화 학습을 이어 가겠습니다. 저와 함께 공부를 했던 학생들 중에는 호주, 미국, 영국 등 해외에 거주하고 계신 분들이 많았습니다. 그들과 영어로 대화하다 보면 이렇게 말하는 것을 종종 볼 수 있었습니다. "제가 처음 ~에 왔을 때 …"를 대부분은 When I first came to ~와 같이 표현하곤 했습니다. 물론 틀린 표현은 아닙니다. 하지만 **came** 대신 **moved**를 쓰면 좀 더 자연스럽게 들립니다. **move**는 주로 어떠한 곳에 잠깐 동안이 아닌 '장기 체류를 위해 가다'라는 의미를 전달할 때 사용됩니다. 이런 상황에서는 앞으로 **come**보다는 **move**를 쓰는 습관을 기르도록 합시다.

아래 다양한 예문들을 통해 연습해 보겠습니다.

- e.g. When I first **moved** to Seattle, I had trouble finding friends.
  제가 처음 시애틀에 왔을 때 친구 사귀는 게 어려웠어요.

- e.g. When we **moved** to Manchester, we became Manchester City fans.
  우리는 맨체스터로 이사 오고는 맨체스터 시티 팬이 되었답니다.

- e.g. When I **moved** to Korea, I fell in love with all the nature.
  제가 한국으로 이사 왔을 때 자연에 완전히 반했지요.

- e.g. I'm thinking of **moving** to Changwon, because I know a lot of people down there.
  창원으로 이사 갈 생각이 있어요. 거기 지인들이 많아서요.

- e.g. Leaving your hometown and **moving** to a new place takes a lot of courage.
  고향을 떠나 새로운 곳으로 간다는 건 많은 용기가 필요해요.

DAY | 64 RUN

The gift shop is run by nuns.

이 선물 가게는 수녀님들이 운영하고 있어요.

김재우의 영어관찰일기

run의 가장 기본적인 의미는 '달리다'이지만, 상황에 따라 다양한 의미로 사용됩니다. 예를 들어, **I ran all the way to the station to catch the last train.**(마지막 기차를 잡아 타기 위해 역까지 내내 달렸어요.)에서처럼 '달리다'라는 뜻으로 쓰일 수 있고, **The musical will run through Christmas and New Year's.**(그 뮤지컬은 크리스마스와 새해까지 계속됩니다.)처럼 어떤 공연이나 행사가 특정 기간 동안 계속되는 것, 혹은 무언가가 길게 이어져 있는 것을 나타내기도 합니다. 또한 교통수단과 관련해서는 **How often does the bus run?**(이 버스 배차 간격이 어떻게 되나요?)처럼 '(버스나 지하철 등이) 운행되다'라는 뜻으로 쓰이며, **The guy who runs the channel is Korean and his wife is Canadian.**(이 채널을 운영하는 사람은 한국인이며 아내는 캐나다 사람입니다.)처럼 유튜브 채널이나 가게, 회사 등을 운영하는 것을 나타낼 때도 쓰입니다.

MODEL EXAMPLES

1. The Hangang River **runs** through the middle of the city.
   한강은 도시 한복판을 관통한다.

2. The new subway line will **run** through Gwacheon.
   신설 지하철 노선은 과천을 통과할 것이다.

3. My school **runs** classes seven days a week.
   우리 학교는 일주일 내내 수업을 한다.

4 The festival **runs** through the end of the month.
그 축제는 이달 말까지 계속된다.

5 My brother **runs** a chicken restaurant.
내 동생은 치킨 가게를 운영한다.

SMALL TALK

1

🧑 The food isn't that good and the service is terrible.
음식도 그저 그렇고 서비스는 엉망이네.

🧑 Seriously. Who **runs** this place?
내 말이. 사장이 누굴까?

2

🧑 Shouldn't we get back to the hotel soon? It's late.
(뉴욕 여행 중 친구에게) 우리 이제 슬슬 호텔로 돌아가야 하지 않을까? 늦었어.

🧑 That doesn't matter. We can take the subway.
괜찮아. 지하철 타면 되지.

🧑 But what if the subway closes?
근데 지하철 끊기면 어떡해?

🧑 Calm down. The subway here **runs** 24/7.
걱정 마. 여기는 지하철이 24시간 내내 운행하거든.

FURTHER STUDIES

오늘은 SMALL TALK 1에 나온 **terrible**(형편없는, 최악의)이라는 단어와 관련해 무엇이 '너무 안 좋다, 나쁘다, 최악이다'에 해당하는 표현을 학습하겠습니다.

terrible과 비슷한 표현으로 자주 쓰이는 형용사로 **awful**이 있습니다. 이보다 좀 더 어감이 센 표현으로는 **horrible**이 있으며 '정말 너무 형편없다'고 할 때 씁니다. 비슷한 용례를 가진 속어로는 **suck**이 있으며, '(사물, 상황, 사람이) 정말 형편없다, 너무 싫다, 최악이다'라는 의미를 지니고 있습니다.

한 가지 더 재미있는 표현으로는 **awful**과 **god**이 합쳐진 **god-awful**이 있는데, '정말 안 좋은, 불쾌한, 형편없는'이라는 의미입니다.

아래 예문들을 통해 감을 잡아 봅시다.

- e.g. I like the vibe, but the coffee is **terrible**.
  분위기는 마음에 드는데 커피가 너무 별로야.

- e.g. Have you heard her sing? She's **awful**.
  그 여자 노래 들어 봤어? 형편없더라.

- e.g. I had an **awful** headache this morning.
  오늘 아침에 두통이 너무 심했어.

- e.g. The traffic was **horrible** this morning.
  오늘 아침 교통 상황 정말 죽음이더라.

- e.g. It **sucks** being sick during the holidays.
  연휴 때 아픈 건 정말 최악이야.

- e.g. It's May, but the weather still **sucks**. When will spring start?
  5월인데 날씨가 여전히 안 좋네. 대체 봄은 언제 시작하는 거야?

DAY | 65 TRY

I've never tried acupuncture before.
침은 한 번도 안 맞아 봤어요.

김재우의 영어관찰일기

동사 **try**는 「**try + (대)명사**」 형태로 사용되어 '새로운[해 보지 않은] 것을 시도하다'라는 의미를 가집니다. 일반적으로 '먹다'는 **eat**이지만, 한 번도 먹어 보지 않은 음식을 '먹어 보다'라고 할 때는 「**try + 음식**」이 자연스럽습니다. 예를 들어, "한국 음식 먹어 본 적 있어?"는 **Have you tried Korean food before?**라고 표현합니다. 또한, "운동 루틴을 바꿔 보는 게 어때?"라는 말도 단순히 **change**(바꾸다)보다는 동사 **try**와 형용사 **new**를 활용해 **I think you need to try a new workout routine.**처럼 말하면 원어민들이 쓰는 자연스러운 표현이 됩니다.

MODEL EXAMPLES

1. I **tried** a new chicken recipe last night, and it came out great.
어젯밤에 새로 알게 된 닭고기 레시피를 시도해 봤는데, 요리가 너무 (맛있게) 잘됐다.

2. I always **try** local food when I travel.
여행할 때는 늘 현지 음식을 먹어 보려고 한다.

3. My mom **tried** sushi for the first time last night and hated it.
엄마가 어젯밤에 처음으로 초밥을 드셔 보셨는데 정말 싫어하셨다.

4. I feel like I'm losing my hair. Maybe I should **try** a different shampoo.
머리가 빠지는 것 같다. 아무래도 다른 샴푸를 써 봐야 하나 싶다.

5 We should **try** somewhere* new this weekend.
(데이트 상황) 이번 주말에는 새로운 곳에 가 보자.

*이때의 somewhere는 부사가 아닌 대명사로 '어떤 장소, 어디'라는 의미

SMALL TALK

That was a great hike. I feel awesome.
등산 정말 좋았어. 기분이 너무 좋다.

Me too. Let's **try** the advanced trail next time.
나도. 다음번에는 상급자 코스에 도전해 보자.

Honey, I can't log in to our bank app. What's the password?
여보, 은행 앱에 접속이 안 돼. 비밀번호가 뭐야?

It's our wedding anniversary.
우리 결혼기념일.

I **tried** that, but if I fail one more time, it's going to lock me out.
그걸로 해 봤는데, 한 번 더 실패하면 잠겨 버릴 거야.

Hmm, well, that means you forgot our anniversary.
음, 그 말은 당신이 우리 기념일을 까먹었다는 뜻이네.

FURTHER STUDIES

오늘은 MODEL EXAMPLES에서 소개한 예문인 **We should try somewhere new this weekend.**에 나오는 「**somewhere(또는 anywhere) + 형용사**」로 표현하는 법을 학습하겠습니다.

'새로운 곳', '조용한 곳', '가까운 곳', '비싼 음식점' 등을 **a new place, a quiet place, a nearby place, a fancy restaurant**와 같이 표현할 수도 있겠지만, 좀 두루뭉술하게 **somewhere new, somewhere quiet, anywhere near, somewhere fancy**와 같이 표현하는 경향이 있는 것이 영어의 주요 특징입니다.

다음 다양한 예문들을 통해 좀 더 친숙해지는 연습을 하겠습니다.

- e.g. Let's go **somewhere new**.
  안 가 봤던 데 가 보자.

- e.g. Let's meet **anywhere near** Gangnam.
  강남 근처 아무 데서나 만나자.

- e.g. Let's meet **somewhere close** to the station.
  역에서 가까운 데서 만나자.

- e.g. I feel like eating **somewhere fancy** tonight.
  오늘 밤엔 고급스러운 식당에 가서 먹고 싶네.

- e.g. We didn't go **anywhere exciting**.
  (이번 여행 중에) 재미있는 데는 아무 데도 안 갔어.

- e.g. Are you going **anywhere special** for your birthday?
  네 생일 때 특별한 곳에 가는 거야?(생일에 어디 좋은 데 가?)

DAY 66 STAND

It's so hot I can't stand it.
너무 더워서 견디기가 힘들어요.

김재우의 영어관찰일기

stand는 목적어를 취하는 타동사로 쓰일 때 '(불쾌한 것을) 참다, 견디다'라는 의미를 가지며, **endure, bear, put up with**와 같은 표현으로 바꿔 쓸 수 있습니다. 이때 두 가지 형태로 자주 사용되는데, 「stand + 명사(상황, 사물, 사람)」와 「stand + 동명사」입니다. 예를 들어, **Can you stand this loud music?**(이렇게 시끄러운 음악을 참을 수 있겠어?)은 명사를 목적어로 쓴 경우이고, **I can't stand eating the same food every day.**(매일 같은 음식을 먹는 건 정말 힘들어.)는 동명사를 목적어로 쓴 경우입니다.

MODEL EXAMPLES

1. I can't stand waiting in line.
   줄 서서 기다리는 건 견디기 너무 힘들다.

2. I don't know how you stand working with her every day.
   당신이 매일 그 여자랑 같이 일하는 걸 어떻게 참는지 모르겠어요.

3. How do you stand a two-hour commute to work every day?
   매일 출근하는 데 두 시간이나 걸리는 걸 어떻게 견뎌?

4. I can't stand it when cars cut me off.
   차들이 끼어들면 정말 참을 수가 없다.

5. I can't stand the smell of raw fish.
   생선회 냄새를 견디기가 힘들다.

SMALL TALK

🧒 Ugh, I can't **stand** being crammed* on the subway in the morning.
휴우, 아침에 지하철이 너무 붐벼서 정말 힘들어.

*cram: (좁은 공간 속으로) 밀어[쑤셔] 넣다

👦 Same here! That's why I try to leave a bit earlier—to avoid the rush.
나도 그래! 그래서 혼잡 시간을 피하려고 조금 일찍 나서려고 해.

🧒 I really can't **stand** grocery shopping.
장 보는 거 너무 힘들어.

👦 Maybe you could do online shopping using something like Coupang.
쿠팡 같은 것을 이용해서 온라인으로 장 볼 수도 있잖아.

🧒 Yeah, but I like picking out fresh vegetables myself.
응, 근데 (마트에 가면) 신선한 채소를 직접 고르는 재미가 있거든.

👦 Fair enough, but at least you can order the heavy stuff online!
일리 있는 말이다. 그럼 무거운 것만 온라인에서 주문하면 되겠네!

FURTHER STUDIES

SMALL TALK 2에서 소개한 **Fair enough.**는 상대의 말에 완전히 동의하지는 않지만 어느 정도 수긍이 갈 때 쓰는 표현으로, "이해가 되네.", "일리가 있는 말이군." 정도에 해당합니다. 일상에서 원어민들이 매우 자주 쓰는 표현이니 꼭 알아 두면 좋겠습니다.

다음 대화문들을 통해 좀 더 자세히 살펴보겠습니다.

- e.g. A: I don't really like spicy food, so I'll pass on the kimchi.
  난 매운 음식은 좀 별로라서 김치는 사양할게.

  B: **Fair enough.** Not everyone enjoys it.
  뭐 그럴 수도 있겠네. 모두가 김치를 좋아하는 건 아니지.

- e.g. A: I can't go out tonight. I have an early meeting tomorrow.
  오늘 밤에는 못 나가. 내일 아침 일찍 회의가 있어.

  B: **Fair enough.** Work comes first.
  이해해. 일이 우선이지.

- e.g. A: I know you wanted sushi, but I'm craving* pasta today.
  당신 초밥 먹고 싶은 거 아는데, 난 오늘 파스타가 당겨.

  *crave: ~을 (몹시) 원하다, 갈망하다

  B: **Fair enough.** We can get sushi next time.
  이해해. 초밥은 다음에 먹지 뭐.

- e.g. A: I don't think this marketing plan suits the product.
  이 마케팅 계획은 이 제품에 잘 맞지 않는 것 같습니다.

  B: **Fair enough.** Did you have a different approach in mind?
  그 말도 일리가 있네요. 다른 접근 방식을 생각해 둔 거라도 있어요?

DAY 67 BREAK

The handle on my favorite cup broke.
제가 제일 아끼는 컵 손잡이가 부러졌어요.

김재우의 영어관찰일기

break는 자동사로 쓰이면 무언가가 자연스럽게 또는 저절로 깨지거나 부러지는 상황을 나타냅니다. 예를 들어, **The handle broke.**는 손잡이가 약해 저절로 부러진 경우입니다. 타동사로 쓰이면 자신의 행동이나 확실한 원인으로 인해 무언가가 깨지거나 부러진 것을 나타냅니다. 여기서 중요한 점은 의도하지 않았더라도 원인이 확실한 경우에는 **break**를 타동사로 쓴다는 것입니다. 예를 들어, **I tried to break the lock.**은 의도적으로 내가 자물쇠를 부수려 한 경우이고, **I broke my arm playing soccer.**는 일부러 그런 건 아니지만 축구를 하다가 다친 것으로, 둘 다 원인이 나에게 있기 때문에 **break**를 타동사로 썼습니다.

MODEL EXAMPLES

1. The zipper on my jacket broke.
   내 재킷의 지퍼가 고장 났다.

2. The chair broke when I sat on it.
   내가 앉았을 때 의자가 부러졌다.

3. I locked my keys in the car and I had to break the window.
   열쇠를 차 안에 두고 문을 잠그는 바람에 유리창을 깨야만 했다.

4. I broke my nail.
   (손톱 손질을 하다가) 손톱이 부러졌다.

5 I accidentally **broke** a glass while washing dishes.
설거지하다가 실수로 유리잔을 깨뜨렸다.

SMALL TALK

1

🧑 What a mess! What happened?
완전 엉망이네! 무슨 일이야?

👦 The table **broke** and spilled my coffee.
테이블이 부러져서 커피가 쏟아졌어.

2

🧑 It's freezing outside.
밖이 엄청 추워.

👦 I know, so why do you have your jacket open like that?
알아, 근데 왜 그렇게 재킷 지퍼를 안 잠그고 있는 거니?

🧑 Oh, I **broke** the zipper this morning, and it's the warmest jacket I own.
아, 아침에 지퍼가 고장 났어. 그런데 이게 내가 가진 재킷 중에 제일 따뜻해.

👦 Well, it's time to buy a new one.
음, 새거 사야겠구나.

FURTHER STUDIES

오늘은 동사 **break**와 관련된 관용 표현을 학습하겠습니다.

- **break**에는 '안 좋은 소식이나 상대가 언짢아할 수도 있는 소식을 전하다'라는 의미가 있습니다. **I hate to break it to you, but** ~이라는 관용적인 형태를 써서 다음과 같이 표현할 수 있습니다.

    e.g. I hate to break it to you, but I'm pretty sure she's not interested in you.
    너한테 이런 말 하기는 좀 그렇긴 한데… 그 여자분 너한테 관심 없는 게 맞아.

    다음 대화문에서도 **break**가 같은 의미로 쓰였습니다.

    e.g. A: I think it's time I break the news to everyone about me quitting.
    이제는 제가 그만둔다는 걸 이야기해야 될 때인 것 같아요.
    B: Yeah, the sooner, the better.
    그래요, 빠를수록 좋아요.

- **break**에는 '나쁜 습관을 고치다, 끊다'라는 의미도 있으며, 다음 예문에서 이를 확인할 수 있습니다.

    e.g. I have a lot of bad habits I need to break.
    저는 고쳐야 할 나쁜 습관이 많습니다.

- **break**는 '기록을 깨다'라는 의미로도 쓰이며 관련 예문은 다음과 같습니다.

    e.g. She broke the world record at the hot dog eating contest.
    그녀는 핫도그 먹기 대회에서 세계 신기록을 수립했다.

DAY | 68 HURT

My tooth hurts when I drink cold water.
찬물을 마시면 이가 아파요.

김재우의 영어관찰일기

hurt는 자동사로 쓰이면 '아프다, 통증을 느끼다'라는 의미이고, 타동사로 쓰이면 '~을 다치게 하다' 또는 '(감정이나 기분을) 상하게 하다'라는 뜻이 됩니다. 예를 들어, "아파."라는 말은 **It hurts.**라고 표현합니다. 또, "이가 아파."는 **My tooth hurts.**처럼 **hurt**를 자동사로 써서 통증이 느껴지는 상태를 나타냅니다. 그런데 MODEL EXAMPLES 1번 **My dog hurt its leg ~**처럼 일부러 다친 것이 아닌데도 타동사로 쓰는 경우가 있습니다. 이 문장은 강아지가 어떤 행동을 하다가 다리를 다친 것, 즉 자신의 행위로 인해 다쳤다는 의미를 내포합니다. 이럴 때는 **break**와 마찬가지로 **hurt**를 타동사로 사용하여 「**hurt + 목적어**」의 형태로 표현한다는 점을 기억해 두시기 바랍니다.

MODEL EXAMPLES

1. My dog hurt its leg yesterday chasing a cat.
   우리 강아지가 어제 고양이를 쫓다가 다리를 다쳤다.

2. I hurt my elbow when I fell down.
   나는 넘어지면서 팔꿈치를 다쳤다.

3. He hurt his knee while playing soccer.
   그는 축구를 하다가 무릎을 다쳤다.

4. Does your elbow still hurt?
   팔꿈치 아직 아파요?

5 It doesn't hurt to try.
시도해서 손해 볼 건 없다.

SMALL TALK

🧑 That looks pretty heavy. Don't hurt yourself now.
(짐을 옮겨 주는 동료에게) 꽤 무거워 보여요. 다치면 안 돼요.

🧑 Don't worry about me. I can handle this.
제 걱정은 하지 마세요. 이 정도는 할 수 있어요.

2

🧑 Didn't you say your tooth hurt last week, too?
지난주에도 이가 아프다고 하지 않았어?

🧑 Yeah, it really hurts when I eat anything sweet.
응, 뭔가 단것을 먹으면 이가 너무 아파.

🧑 That sounds like a cavity for sure.
그거 확실히 충치 같은데.

🧑 And the pain comes and goes, which makes it even more annoying.
통증이 있다가 없다가 그래. 그래서 더 신경이 쓰여.

FURTHER STUDIES

오늘은 SMALL TALK 2에서 소개한 **for sure**라는 표현을 학습하겠습니다.

- 첫 번째는 '분명히, 확실히, 틀림없이'라는 의미로 **certainly**, **definitely**, **without a doubt**과 바꿔 쓸 수 있습니다.

    - e.g. We're getting a bonus this month for sure.
        이번 달에 틀림없이 보너스가 나온다.
    - e.g. I don't know for sure if he's moving, but that's what I heard.
        그 사람 이사 가는지 확실히 모르겠지만, 그렇게 들은 것 같네요.
    - e.g. He's the one who broke the vase, for sure. I saw it happen.
        그가 꽃병을 깬 사람이야. 확실해. 내가 그 장면을 봤어.

- 두 번째는 "맞아.", "나도 그렇게 생각해."라고 할 때 사용할 수 있으며, **Absolutely.** 또는 **I agree.**로 바꿔 쓸 수 있습니다.

    - e.g. A: That was the best pizza I've ever had.
        내가 먹어 본 피자 중에 최고였어.
        B: For sure!
        누가 아니래!

- 마지막으로 '무조건, 꼭'이라는 의미도 있습니다.

    - e.g. I want to visit Europe next year, for sure.
        내년에는 꼭 유럽에 가고 싶어.
    - e.g. I'm taking a break this weekend, for sure.
        이번 주말에는 무조건 쉴 거야.

DAY 69 NOTICE

I noticed you never eat anything at lunch.

보니까 점심 때 아무것도 안 먹더군요.

김재우의 영어관찰일기

동사 **notice**는 크게 두 가지 방식으로 사용됩니다. 첫 번째는 시각·청각·후각 등 감각을 통해 무언가를 느끼거나 알아차릴 때입니다. 예를 들어, **I noticed a small stain on my shirt this morning.**(아침에 보니까 셔츠에 작은 얼룩이 묻어 있더라고.)은 눈으로 얼룩을 보고 인식한 상황을 나타냅니다. 두 번째는 의도적으로 관찰하지는 않았지만 어떤 사실이나 변화 등을 자연스럽게 알아차리는 경우입니다. **I noticed that he was acting a bit strange today.**(보니까 그가 오늘 약간 이상하게 행동하더라.)라고 하면 특별히 신경 쓰지 않았지만 그의 행동이 평소와 다르다는 걸 느낀 상황을 나타냅니다. 이처럼 **notice**는 '감각을 통한 인지'뿐 아니라 '무의식적으로 어떤 변화를 알아채는 것'까지 폭넓게 표현할 수 있는 동사입니다.

MODEL EXAMPLES

1. I **noticed** a crack in the ceiling.
   보니까 천장에 금이 가 있었다.

2. I don't know if you've **noticed**, but your shirt is unbuttoned.
   너 아는지 모르겠는데, 셔츠 단추가 풀렸어.

3. **Have** you **noticed** any changes in his behavior?
   그 친구 행동이 바뀐 거 눈치챘어?

4 I didn't notice he had feelings for me.
그 사람이 나한테 마음이 있는 줄 전혀 몰랐다.

5 I didn't notice how much gray hair you have.
너 흰머리가 그렇게 많은 줄 몰랐네.

SMALL TALK

My face has been breaking out* ever since I changed foundations.
파운데이션 바꾼 뒤로 얼굴에 뭐가 계속 나.

*break out: 갑자기 얼굴에 무엇이 나다, 생기다

Really? I didn't notice. I think your face looks fine.
정말? 나는 모르겠던데. 얼굴 상태가 좋아 보이는 것 같은데.

I just noticed a dent. Was this mentioned in the ad?
방금 (차에) 흠집을 발견했어요. 광고에 이 부분이 언급되어 있었나요?

Hmm, I don't think so. Where is it?
음, 언급 안 한 것 같습니다. 흠집이 어디에 있나요?

On the rear bumper. It's pretty noticeable.
후면 범퍼에요. 꽤나 눈에 잘 띄는데요.

Oh, I see it now. I can lower the price, if you're still interested.
오, 지금 보니까 그렇군요. 아직 구매 의사가 있으시면, 가격 낮춰 드릴게요.

FURTHER STUDIES

이번에는 **notice**, **recognize**, **realize** 이 세 동사의 의미와 용례의 차이에 대해 학습하겠습니다.

- **notice**: 오감(시각, 청각, 감각, 후각, 미각)을 통해 무언가를 알아차리거나 인지하다
- **realize**: 논리적인 사고와 생각을 통해 무언가를 알게 되거나 깨닫게 되다
- **recognize**: 이전의 경험을 기반으로 무언가를 알아채거나 인지하다

다음 예문들을 통해 그 차이를 정확히 느껴 보시기 바랍니다.

e.g. I **noticed** a burning smell coming from the kitchen.
부엌에서 타는 냄새가 나는 걸 알아차렸다.

e.g. Did you **notice** that Jeff never brushes his teeth after lunch?
제프가 점심 먹고 나서 절대 양치 안 하는 거 눈치챘어?

e.g. After I smelled smoke from the kitchen, I **realized** I had left the oven on for two hours.
부엌에서 연기 냄새가 났는데, 가만히 생각해 보니 오븐을 두 시간째 켜 두었던 것이다.

e.g. I **realized** that the tall man in the office was the president.
사무실에 있던 키 큰 남자가 사장이라는 걸 알게 됐다.

e.g. Did you buy Calvin Klein cologne? I **recognize** the smell.
캘빈클라인 향수 산 거야? 나 그 향수 냄새 알거든.

e.g. A guy approached me at the bar, but I didn't **recognize** him at all.
바에서 어떤 남자가 나한테 다가왔는데, 누군지 전혀 모르겠더라고.

EXPECT

DAY | 70

I expect an answer by tomorrow.

내일까지 답변 주시기 바랍니다.

김재우의 영어관찰일기

expect는 생각보다 훨씬 더 유용한 동사입니다. 오늘은 「expect + 목적어(사물, 상황, 사람)」의 3형식 구문으로 쓰이는 경우를 학습하겠습니다. 이때는 단순히 '예상하다, 기대하다'라는 의미 외에도 '(오기로 되어 있는 대상을) 기다리다', '(어떤 일이 처리되기를) 기대하다, 요구하다, 바라다'라는 뜻으로 쓰입니다. expect가 사용된 재미있는 표현이 있는데, 목적어 없이 We're expecting.이라고 하면 "저희 부부가 곧 아이를 출산하게 됩니다."라는 뜻입니다.

MODEL EXAMPLES

1. I didn't expect a raise at work, but I got one.
   회사에서 연봉을 인상해 줄 줄은 생각도 못했는데, 인상되었다.

2. I didn't expect snow in California.
   캘리포니아에 눈이 올 줄은 몰랐다.

3. I didn't expect such kindness from a stranger.
   낯선 사람에게서 그런 호의는 예상하지 못했다.

4. It's time for me to go. My babysitter is expecting me home before 10 tonight.
   집에 가야겠어. 베이비시터는 내가 오늘 밤 10시 전에 집에 들어오는 것으로 알고 있거든.

5 I **expected** a big crowd of family and friends when my art was on display at the museum.
내 작품이 박물관에 전시되었을 때 가족과 친구가 엄청 많이 올 줄 알았어요.

SMALL TALK

1

You mean, Jeff didn't say anything after you told him you were pregnant?
그러니까, 임신했다고 말했는데도 제프가 아무 말을 안 했다고?

Yeah, he was silent all night. I didn't **expect** that reaction from him…
응, 밤새 아무 말이 없었어. 그런 반응을 보일 줄은 전혀 예상하지 못했는데….

2

So, we want to offer you a full-time position. What do you think?
그래서, 당신에게 정규직을 제안드리고 싶습니다. 어떠세요?

Wow, I really appreciate the offer. Could I take a little time to consider it?
와, 제안 정말 감사합니다. 조금 생각해 볼 시간을 주시겠어요?

Of course, but I **expect** an answer from you by tomorrow, because we need to hire someone ASAP*.
물론이죠. 하지만 내일까지 답을 주셔야 합니다. 최대한 빨리 채용을 해야 해서요.

*ASAP: 즉각, 즉시(= as soon as possible)

Understood. I'll call you in the morning.
알겠습니다. 오전에 전화 드리겠습니다.

FURTHER STUDIES

오늘은 SMALL TALK 2에서 소개한 **Understood.**라는 표현을 학습하겠습니다. 상대의 말에 대해 "알겠습니다.", "이해했습니다."라고 할 때 자주 사용되는 관용 표현으로, 원래는 **Your message is understood by me.**인데, 여기서 **Understood.**만 남은 형태인 셈입니다. 유사한 표현으로는 **Got it.** 또는 **Point taken.** 등이 있습니다.

- 먼저 **Understood.**가 들어간 대화문을 보겠습니다.

    e.g. A: We need to submit this proposal by 5 p.m. tomorrow.
    이 제안서 내일 오후 5시까지 제출해야 해요.

    B: **Understood.** I'll take care of it.
    알겠습니다. 제가 처리하겠습니다.

- 다음으로 **Got it.**을 사용한 대화문을 보겠습니다.

    e.g. A: I fly in at 3 p.m., so if you could pick me up around 3:30, that'd be great.
    나 오후 3시 비행기로 도착하니까, 네가 3시 30분쯤에 데리러 오면 좋을 듯해.

    B: **Got it.** I'll be there.
    알겠어. 그리로 갈게.

- 마지막으로 **Point taken.**을 사용한 대화문을 보겠습니다.

    e.g. A: I apologize for asking so many questions, but this is a big purchase for us.
    (자동차 판매원에게) 질문을 너무 많이 드려서 죄송하지만, 이건 저희에게 고액의 구매거든요.

    B: **Point taken**, sir. I'm happy to answer any of your questions.
    무슨 말씀이신지 잘 알겠습니다, 선생님. 성심성의껏 모든 질문에 답변드릴게요.

DAY | 71 LOSE

I just can't believe we lost.
우리가 지다니 말도 안 돼요.

김재우의 영어관찰일기

lose는 '~을 잃다'라는 의미로 다양한 목적어와 함께 쓰입니다. **lose a wallet/a key/money**(지갑/열쇠/돈을 잃다)처럼 물건이나 돈을 잃어버릴 때 사용할 수 있으며, **lose a game**처럼 경기나 시합에서 지는 경우에도 쓰입니다. 체중, 식욕 등이 목적어로 와서 **lose weight**(체중이 줄다), **lose appetite**(식욕이 감퇴하다) 같은 식으로도 사용됩니다. 또한 **lose interest/hope/confidence/motivation/patience**(흥미/희망/자신감/동기/인내심을 잃다)처럼 추상적인 개념이 목적어로 오는 경우도 많습니다. 마지막으로 **lose a friend/loved one**(친구/사랑하는 사람을 잃다)으로도 자주 사용됩니다.

MODEL EXAMPLES

1. I think I **lost** my credit card at the gas station.
   아무래도 주유소에서 카드를 잃어버린 것 같다.

2. I can't believe the Yankees **lost** that game!
   (뉴욕) 양키스가 경기를 지다니 믿을 수 없어!

3. Stress can cause people to **lose** their hair.
   스트레스는 탈모를 일으킬 수 있다.

4. Last month, he **lost** his sister and his job.
   그는 지난달에 여동생을 잃고, 직장도 잃었다.

5 I initially wanted to study sociology, but lost interest in my major during the first semester.
나는 처음에는 사회학을 공부하고 싶었지만, 첫 학기 때 전공에 대한 흥미를 잃었다.

SMALL TALK

I think I am losing my appetite these days.
요즘 영 입맛이 없는 것 같아.

It could be a sign your health is declining; you should get that checked out.
건강이 안 좋아지고 있는 신호일 수 있어. 검진 한번 받아 봐.

So I have you down* for four at 7 p.m. this Friday.
그럼 이번 주 금요일 저녁 7시에 네 분으로 예약해 드렸습니다.

*have + 사람 + down: '~를 일정에 기록해 두다, 예약해 두다'라는 뜻으로, 「have + 사람 + written down」의 5형식 구조에서 written이 생략된 형태이며, 주로 음식점, 호텔, 병원 등의 예약 상황에서 자주 사용됨

That's perfect.
딱 좋습니다.

Great. Just so you know, if you cancel or don't show, you will lose your deposit.
좋습니다. 참고로 예약을 취소하거나 안 오시면 보증금은 환불이 안 됩니다.

Understood. Thank you very much.
알겠습니다. 정말 감사합니다.

FURTHER STUDIES

오늘은 **lose**의 용례들을 추가적으로 살펴보도록 하겠습니다.

- **lose**가 '경기에서 지다'라는 의미일 때는 두 가지 용법으로 쓰일 수 있습니다. 우선, **lose**를 타동사로 사용하여 **lose a[the] game**(경기를 지다)으로 표현할 수 있습니다.

    e.g. Even though we **lost** the game, we learned a lot and will come back stronger next time.
    우리는 비록 경기를 졌지만, 많은 걸 배웠고 다음에는 더 강한 모습으로 돌아올 것입니다.

    하지만 일상적인 구어체 영어에서는 다음과 같이 **lose** 다음에 목적어 없이 자동사로 사용하는 경우가 매우 많습니다.

    e.g. We were 4 points ahead at halftime, so I can't believe we **lost**.
    하프 타임에 4점 차로 이기고 있었는데, 지다니 믿기지가 않아.

- 전화 통화 등에서 상대의 말이 잘 들리지 않을 경우에도 **lose**를 사용할 수 있습니다.

    e.g. Wait, can you repeat that? I think I'm **losing** you.
    잠시만, 한 번 더 말해 줄래? 소리가 잘 안 들리는 것 같아.

- **get lost** 또는 **feel lost**의 형태로 '길을 잃다' 혹은 '정신적으로 방황하다'라는 의미를 나타내기도 합니다.

    e.g. My grandma took KTX to Seoul, but somehow she **got lost**, so I had to go and find her.
    할머니가 KTX를 타고 서울에 오셨는데, 어쩌다가 길을 잃으시는 바람에 내가 가서 할머니를 찾아야만 했다.

    e.g. After moving to a new city, I couldn't help **feeling lost** without my friends and family.
    새로운 도시로 이사를 한 후 친구도 가족도 없다 보니 길을 잃은 기분이었다.

DAY 72 CATCH

I have to catch the bus at 7 a.m.
아침 7시에 버스를 타야 해요.

김재우의 영어관찰일기

catch는 기본적으로 '움직이거나 달아나려는 무언가를 잡다'라는 뜻이지만, 이 의미에서 확장되어 다양한 상황에서 자주 사용됩니다. 첫째, '출발하거나 떠나려는 교통수단을 타다' 라는 의미로 쓰이며, **I barely caught my flight this morning.**(오늘 아침에 겨우 비행기 탔어.)처럼 말할 수 있습니다. 둘째, '상대방이 하는 말을 듣거나 이해하다'라는 뜻으로도 쓰여, **Sorry, I didn't quite catch that. What did you say?**라고 말하면 "미안, 잘 못 들었어. 뭐라고 했어?"라는 의미가 됩니다. 또한 '떠나기 전에 누군가를 잠깐 만나거나 이야기하다'라는 의미로도 쓰이는데, 예를 들어 **I was hoping to catch you before you left the office.**라고 하면 "퇴근하기 전에 잠깐 이야기 나눴으면 했습니다." 라는 뜻이 됩니다.

MODEL EXAMPLES

1. Let's leave early so we can catch the sunset.
   석양을 볼 수 있도록 일찍 출발하자.

2. I twisted my ankle while trying to catch the bus.
   버스를 안 놓치고 타려고 하다가 발목을 삐끗했다.

3. Is there anything you weren't able to catch?
   이해 못 한 부분 있을까요?

4 I'm glad I could **catch** you. I have a quick question.
(화장실에서 팀장을 만난 상황) 여기 계셨네요. 간단히 여쭤볼 것이 있어요.

5 Hi, Andy! I was hoping to **catch** you before you went home for the weekend.
안녕, 앤디! 너 주말에 집에 가기 전에 잠깐 얼굴 보려고 했어.

SMALL TALK

1

🧑‍🦰 Wow, I've been trying to **catch** you all day. You're never at your desk.
와, 하루 종일 찾았어요. 자리에 계시지를 않네요.

👨 I know. I've been in meetings ever since I came in. I could barely make it to the restroom. What's up?
그러게요. 출근하자마자 줄곧 회의 중이었어요. 화장실에도 간신히 다녀올 수 있었네요. 무슨 일인가요?

2

🧑‍🦰 Good morning, Dave. How is everything?
(동료 간의 카카오톡 대화 상황) 안녕, 데이브. 요즘은 어때?

👨 It's going better now. I barely **caught** the shuttle bus to work.
지금은 좀 나아졌어. 통근 버스 겨우 탔어.

🧑‍🦰 Sounds stressful.
스트레스 많이 받았겠다.

👨 It was. I won't miss my alarm again.
맞아. 다시는 알람 안 놓칠 거야.

FURTHER STUDIES

오늘은 MODEL EXAMPLES 5번 문장에 나온 「was/were hoping to + 동사원형」 구문에 대해 학습하겠습니다. 이 구문은 '과거진행 시제'로 과거 어느 시점(며칠 전, 몇 시간 전, 몇 분 전 등)부터 시작된 기대, 바람, 요청이 '현재 시점'까지 계속될 때 사용합니다. '과거진행인데 왜 현재까지 영향을 미치지?'라는 의문이 드실 수 있는데, 그렇기 때문에 언어학자들도 '오묘한 시제'라는 애칭을 붙였습니다. 가볍지만 예의 바르면서 직설적이지 않게 자신의 '바람, 소망, 기대, 요청'을 표현하는 방법입니다. 형태적으로는 다음 두 가지로 쓰입니다.

- **was/were hoping to + 동사원형**
- **was/were hoping that + 주어 + 동사**

다음 용례를 꼼꼼히 학습하여 뉘앙스를 익힙시다.

- e.g. We **were hoping to get** a table near the window.
  (식당 예약 상황) 창가 자리 예약이 가능했으면 합니다.

- e.g. I **was hoping to talk** to you for a minute after work tonight.
  (팀장이 팀원에게 하는 말) 퇴근하고 저녁에 잠깐 이야기 좀 했으면 해요.

- e.g. I **was hoping that it wouldn't rain** today.
  오늘 비가 안 오기를 바랬는데. (결국 비가 온 상황)

이미 지나간 상황을 묘사하는 일반적인 과거진행 시제가 쓰인 경우도 다음 예문을 통해 확인해 보겠습니다.

- e.g. I **was hoping to meet** you and the others, but I wasn't feeling well.
  (친구와의 카카오톡 대화 중) 너희들 얼굴 보고 싶었는데, 몸이 안 좋았어.

CHAPTER 4

다양한 상황에서 활용할 수 있는 실용 동사

구체적인 뜻을 나타내거나 다양한 맥락에서 유용한 동사

- COST
- OFFER
- REQUIRE
- GAIN
- MENTION
- HANDLE
- SELL

- SUIT
- MISS
- FINISH
- BELONG
- AFFORD
- GRAB
- FIX
- DESERVE

DAY 73 COST

It costs too much.
너무 비싸요.

김재우의 영어관찰일기

cost는 매우 익숙한 동사인 데 비해 정확한 의미와 용법을 아는 학습자가 그리 많지 않습니다. 「주어 + cost + 금액」은 '~이 얼마다'라는 의미로 주어 자리에 온 대상의 '가격'을 나타내지만, 「주어 + cost me + 금액」은 「I paid + 금액」의 의미로, '(가격과 무관하게) 나는 ~을 얼마 주고 샀다'라는 말이 됩니다. 형태적으로는 다음과 같이 크게 네 가지로 나눌 수 있다는 점도 꼭 기억합시다.

1. 주어 + cost + 금액
2. 주어 + cost + 사람 + 금액
3. It cost(s) + (사람) + 금액 + (to부정사)
4. How much does/did it cost + (to부정사)?

MODEL EXAMPLES

1. It **costs** $40 to park at the stadium!
   그 경기장에 주차하면 주차비가 40달러야!

2. It **costs** me about $100 a week to put gas in my car.
   내 차에 기름을 넣는 데 일주일에 100달러 정도 든다.

3. It **cost** me an arm and a leg*.
   그거 정말 엄청 비싸더군.

*an arm and a leg: '엄청난 비용, 매우 비싼 가격'을 의미하는 관용 표현

4. The repair **cost** us a lot of money.
수리하는 데 돈을 많이 썼다.

5. How much will it **cost** to have the windshield wipers replaced?
앞 유리 와이퍼를 교체하는 데 얼마나 들까?

SMALL TALK

- How much would it **cost** to have my car washed?
  제 차 세차하게 되면 얼마나 들까요?
- Basic detailing **costs** 200,000 won, and it's 300,000 won for luxury cars.
  기본 디테일 세차는 20만 원이고요, 고급 차량의 경우 30만 원입니다.

- You should get a car.
  너 차 한 대 뽑아야겠다.
- Maybe you're right… how much does fuel **cost** you?
  그래야 할 듯… 너는 기름값 얼마나 들어?
- It **costs** me about 100,000 won a week, usually.
  보통 일주일에 10만 원 정도 들어.
- What? The subway **costs** me 100,000 won a month!
  뭐라고? 내가 지하철 타고 다니는 데 한 달에 10만 원 드는데!

DAY | 73 **COST** 259

FURTHER STUDIES

오늘은 SMALL TALK 1에 나온 '가정'을 나타내는 조동사 **would**에 대해 학습하겠습니다. 대화문의 **How much would it cost ~?**에서 화자는 왜 **will**이 아닌 **would**를 썼을까요? **will**은 확정적이고 단정적인 어감을 주므로, 만약 이 문장에서 **would**가 아닌 **will**을 썼다면 세차하기로 이미 마음을 먹었다는 뉘앙스를 띕니다. 하지만 **would**를 씀으로써 "아직 세차를 할지 말지 결정하기 전인데 하게 되면 얼마나 들까요?"라는 뜻이 되어 가정의 의미를 내포하고 있습니다. 이러한 용법의 **would**는 일상 대화에서 수도 없이 많이 쓰이니 꼭 알아 두시기 바랍니다.

아래 예문들을 통해 완전히 익히도록 합시다.

- e.g. A: Where **would** you go, if you could go anywhere?
  (여행을) 어디든 가게 된다면, 어디로 가고 싶어?
  B: I **would** go to France.
  (가게 되면) 프랑스로 갈 거야.

- e.g. How long do you think it **would** take to drive to Mokpo for Chuseok?
  (차로 갈지 기차로 갈지 결정하기 전) 추석에 목포까지 운전해서 가면 얼마나 걸릴 것 같아?

- e.g. **Would** it be OK if I borrowed this pen?
  이 펜 좀 빌릴 수 있을까요?

- e.g. **Would** you be interested in being a guest on my podcast?
  (공손하게 상대방의 의향을 묻는 느낌) 제 팟캐스트에 게스트로 출연하는 것에 관심 있으실까요?
  - vs. Are you interested in being a guest on my podcast?
    (상대방의 관심을 어느 정도 확신하면서 직설적으로 묻는 느낌) 제 팟캐스트에 게스트로 출연하시겠어요?

- e.g. **Would** you be interested in going to a baseball game this weekend?
  이번 주말에 야구 경기 보러 갈 생각 있어?

DAY | 74 OFFER

Twenty thousand won is the most I can offer.

2만 원이 제가 제시할 수 있는 최대 금액입니다.

김재우의 영어관찰일기

offer는 '~을 제안하다' 또는 '~을 제공하다'라는 의미로 다음의 세 가지 형태로 사용됩니다.

1. offer + 목적어
2. offer + 간접목적어(사람) + 직접목적어(사물)
3. offer + to부정사

That hotel offers free Wi-Fi.(그 호텔은 무료 와이파이를 제공합니다.), **We offered him a pay raise.**(우리는 그에게 급여 인상을 제안했다.), **He offered to pick me up from the airport.**(그가 나를 데리러 공항으로 오겠다고 했다.)와 같은 예문을 통해 각 문형의 용례를 확인할 수 있습니다. 이 중에서 특히 2 문형(4형식)은 학습자들이 잘 활용하지 못하는 경향이 있으므로, 최대한 다양한 예문을 접하여 자연스럽게 익혀 두시기 바랍니다.

MODEL EXAMPLES

1. They **offer** lots of vegan options, as well as fish and meat.
   그곳은 생선이나 육류뿐만 아니라 비건 음식도 많다.

2. My neighbor **is offering** her furniture if you can pick it up.
   우리 이웃이 네가 가져갈 수만 있다면 가구를 주겠다고 해.

3 I was so thrilled when the publisher **offered** me a book deal.
출판사에서 책 출간 계약을 제안했을 때 너무 기뻤다.

4 If they **offer** you a transfer to the Tokyo office, will you take it?
회사에서 도쿄 지사로 전근 제안을 하면 받아들일 거예요?

5 The famous chef **offered** to teach a masterclass, and I couldn't pass that up.
그 유명한 셰프가 마스터 클래스 수업을 해 주겠다는 제안을 해서, 그냥 넘길 수가 없었다.

SMALL TALK

1

 Hey, Mina. Did you sell your car yet?
안녕, 미나야. 차는 팔았지?

Yeah, this dealership **offered** me a decent price for it.
응, 이 (중고차) 업체가 내 차에 괜찮은 가격을 제시했거든.

2

I just bought a bookshelf from IKEA, but I'm not great at putting things together.
얼마 전에 이케아에서 책꽂이를 샀는데, 내가 조립을 잘 못해.

Do they **offer** assembly service at IKEA?
이케아에 조립 서비스 있지 않아?

I think so, but it might cost extra.
그런 것 같은데, 추가 비용이 들지도 몰라서.

That could be worth it if it saves you the hassle!
번거로움을 덜어 준다면 그만한 가치가 있을 거야!

FURTHER STUDIES

관찰일기에서 소개한 **offer**의 문형들 중에서 4형식으로 쓰이는 경우를 추가적으로 학습해 보겠습니다. 다음 예문을 통해 「**offer + 사람 + 사물**」이 완전히 입에 붙도록 집중 연습을 합시다.

- e.g. He **offered me a ride** home after the party.
  파티 마치고 그 사람이 나한테 집까지 태워 주겠다고 했어.

- e.g. A stranger **offered me a glass of wine**, which I flatly declined.
  낯선 사람이 와인 한 잔을 권했지만, 내가 딱 잘라 거절했어.

- e.g. I don't normally eat fish, but when my mother-in-law **offered me a bite**, I couldn't refuse.
  나는 보통은 생선을 안 먹는데, 장모님이 한 입 먹어 보라고 하니, 거절할 수가 없었어.

- e.g. They **offered me the position**, and I couldn't pass it up.
  그쪽에서 그 자리를 제안했는데, 그냥 보낼 수 없는 기회였어.

- e.g. I **offered him a sizable pay raise**. That's what got him to change his mind about leaving the company.
  그에게 상당한 액수의 연봉 인상을 제안했어. 그래서 그가 회사를 그만두기로 한 마음을 바꿀 수가 있었지.

DAY 75 REQUIRE

Losing weight requires discipline.

체중 감량을 위해서는 절제력이 필요합니다.

김재우의 영어관찰일기

require의 주어가 '사물, 상황, 동명사'일 경우 「주어(A) + require + 목적어(B)」 또는 「주어(A) + require + 사람 + to부정사」의 형태로 쓰여 'A가 B를 요구하다' 또는 'A를 위해서는 ~가 …하는 것이 필요하다'라는 의미를 전달합니다. 이와 같은 문형의 require는 일상 대화에서 정말 많이 쓰이는데, 예를 들어 "이 앱을 실행하려면 인터넷 연결이 되어야 합니다."는 This app requires an Internet connection.으로 표현할 수 있습니다. 이처럼 require를 적절히 사용하면 문장이 간결해지는 효과도 볼 수 있습니다.

MODEL EXAMPLES

1. American football requires a lot of expensive equipment.
   미식축구를 하려면 많은 비싼 장비가 필요하다.

2. This Caribbean cruise requires a valid passport.
   이 카리브해 크루즈 여행에는 유효한 여권이 있어야 한다.

3. My work requires a lot of concentration and focus.
   내가 하는 일은 많은 집중력과 주의력을 요구한다.

4. Baking requires you to measure ingredients precisely.
   베이킹을 하려면 재료를 정확히 측정해야 한다.

5 This movie **requires** minors to be with an adult.
이 영화는 미성년자가 보려면 성인을 동반해야 한다.

SMALL TALK

I was thinking about learning Japanese. Do you have any suggestions?
일본어를 배워 볼까 해. 혹시 해 줄 말 있어?

Learning any language **requires** daily practice.
어떤 언어든 배우려면 매일 연습을 하는 게 필수지.

You should join us for weight training tomorrow.
내일 우리와 같이 웨이트 트레이닝 하자.

Nah, I'm more of a yoga person.
아니, 난 요가가 좀 더 맞아.

Come on! It'll be fun.
왜 그래! 재미있을 거야.

I avoid anything that **requires** heavy lifting.
난 무거운 걸 들어야 하는 것은 무조건 피해.

FURTHER STUDIES

오늘은 SMALL TALK 2에서 나온 **more of**와 **more like**에 대해 학습하겠습니다. 두 표현 모두 성격이나 취향 등이 '둘 중 ~에 더 가깝다'라는 의미로 사용될 수 있습니다.

아래 첫 번째 예문은 차를 좋아하는 편인지 커피를 좋아하는 편인지 묻는 질문에 대한 답으로, 둘 중 하나를 선택해야 한다면 커피를 좀 더 좋아한다고 말하는 상황입니다. 이럴 때는 **more of**와 **more like**를 모두 쓸 수 있습니다. 반면 네 번째 예문인 **Can I have more of that cake?**에서의 **more of**는 '~을 더'라는 뜻으로 '양(量)'을 나타내는 표현이라는 점에 주의합시다.

다양한 예문을 통해 **more of**와 **more like**의 쓰임을 익혀 봅시다.

- e.g. I don't drink tea. I'm **more of** a coffee person.
  저는 차는 안 마셔요. 커피를 더 좋아하는 편이에요.

- e.g. He's **more of** a dreamer than a doer.
  그 사람은 실천가라기보다는 몽상가에 가깝습니다.

- e.g. This movie is **more of** a drama than a comedy.
  이 영화는 희극보다는 정극에 가깝습니다.

- e.g. Can I have **more of** that cake?
  그 케이크 좀 더 먹을 수 있을까?

- e.g. These pancakes are **more like** dessert than breakfast.
  이 팬케이크는 아침 식사라기보다 디저트에 가깝죠.

- e.g. I run a small business, but it's **more like** a hobby.
  제가 작은 사업체를 운영하는데, 취미에 가깝습니다.

- e.g. He's my friend, but he's **more like** a brother because I've known him since I was a kid.
  그 사람은 제 친구이지만, 형제나 마찬가지입니다. 어릴 때부터 알고 지냈거든요.

DAY 76 GAIN

I gained a lot of confidence at the English speaking workshop last week.

지난주 영어 말하기 워크숍에서 자신감을 많이 얻었어요.

김재우의 영어관찰일기

gain은 시간이 지나면서 자연 발생적으로 '~이 생기게 되다, 얻어지다'라는 뜻의 동사입니다. 목적어 자리에는 주로 **weight, experience, skills, confidence, popularity, knowledge, insight, speed, an advantage, an edge** 등의 단어가 오는 것을 볼 수 있습니다. 주의할 점은 '체중이 늘다'는 **gain some[a lot of] weight**라고 하는데, 이때 **gain my weight**와 같이 **weight** 앞에 소유격(**my, his, her** 등)을 쓸 수 없다는 것입니다. 이 점을 잘 기억해 둡시다.

MODEL EXAMPLES

1. I **gained** a lot of weight over the winter break.
   나는 겨울 방학 동안 살이 많이 쪘다.

2. It took us over five years to **gain** an edge over our rival.
   우리가 경쟁사보다 우위를 점하는 데 5년 이상 걸렸다.

3. I **gained** a lot of insight after reading this book.
   이 책을 읽고 난 후 많은 혜안을 얻었다.

4. The company **gained** popularity after its first product launch.
   그 회사는 첫 번째 제품 출시 후 인기를 끌기 시작했다.

5 Podcasts are an interesting way for me to **gain** knowledge.
내게는 팟캐스트가 지식을 얻는 재미있는 수단이다.

SMALL TALK

1

🙋 I'm not sure if I'm cut out for sales.
제가 영업이 적성에 맞을지 모르겠네요.

🙋 No worries. You'll make a good salesperson once you **gain** experience.
걱정 마세요. 일단 경험이 쌓이면 좋은 영업 사원이 될 겁니다.

2

🙋 Is it just me, or is yellow super trendy these days?
나만 그런 건가? 아님 요즘 노란색이 엄청 유행하는 걸까?

🙋 Like yellow furniture and fashion?
노란색 가구나 패션 같은 거 말이야?

🙋 Exactly. When did yellow become so popular?
맞아. 도대체 노란색이 언제부터 이렇게 인기였지?

🙋 It **gained** a lot of momentum on social media last year.
작년에 SNS에서 엄청 화제가 됐거든.

FURTHER STUDIES

오늘은 SMALL TALK 1에서 나온 관용 표현인 **be cut out for**에 대해 학습하겠습니다.

- **cut out**은 원래 가위나 칼, 도구를 이용해서 '~을 오려내다, 잘라서 제거하다'라는 뜻입니다.
    - e.g. He cut out a picture from the magazine.
      그는 잡지에서 사진을 오려냈다.

- **cut out**의 원래 의미가 확장되어 비유적으로 쓰이기도 하는데, 이것이 바로 **be cut out for**이며 '~을 하기에 적합하다, 꼭 맞다'라는 의미를 전달합니다.
    - e.g. He's not cut out for a desk job… he prefers working outdoors.
      그 친구는 사무직은 안 맞아요… 밖에서 일하는 걸 선호하거든요.
    - e.g. I think you are cut out for working with teenagers.
      내가 볼 땐 십 대들과 일하기에 네가 적임자야.

- 이와 유사한 표현으로 **a good fit**(적임자, 딱 맞는 사람)이 있습니다.
    - e.g. I don't think I'm a good fit for this role. I don't think I have enough experience to manage a team of my own.
      제가 이 역할에 적합하지 않은 것 같아요. 팀을 맡아 이끌 경험이 부족하다고 생각해요.

DAY | 77

MENTION

Didn't you mention that you have friends in Osaka?

오사카에 친구들이 있다고 하지 않았어요?

김재우의 영어관찰일기

mention은 대화나 글에서 어떤 내용을 스쳐 지나가듯 '가볍게 언급하다'라는 뜻이며, 상황에 따라 조금 더 중요한 내용에 대해서도 '말하다, 명시하다'라는 의미로 사용됩니다. 일반적으로는 사람을 주어로 하여 '~가 …을 언급하다'라는 의미로 쓰이지만, 이메일, 계약서, 홈페이지 글 등에서 특정 내용이 언급되었다는 식으로 사물이 주어인 경우도 흔하게 볼 수 있습니다. 형태적으로는 주로 「주어 + mention + 명사」, 「주어 + mention + -ing」, 「주어 + mention + 절(clause)」과 같은 구조로 쓰입니다.

MODEL EXAMPLES

1. Lisa **mentioned** going on vacation next week.
   리사가 다음 주에 휴가 간다고 말했어.

2. I forgot to **mention** it to you earlier, but I won't be available this week.
   일찍 말한다는 게 깜박했어요. 이번 주는 시간이 안 될 것 같습니다.

3. The article **mentioned** something about the JFK assassination* being a conspiracy.
   그 기사에는 존 F. 케네디 대통령 암살이 음모론이라는 내용이 있었다.

   *assassination: 암살

4 Does your contract mention anything about paid sick leave*?
계약서에 유급 병가에 대한 언급이 되어 있어?

*sick leave: 병가

5 Did I mention how much I love this place?
내가 이곳을 얼마나 좋아하는지 말했었나?

SMALL TALK

1

 What are you wearing to the Lamborghini unveiling tonight?
오늘 밤 람보르기니 공개 행사에 뭐 입고 갈 거야?

I'm not sure. The email didn't mention anything about a dress code.
잘 모르겠어. (초대) 이메일에는 드레스 코드에 대해서는 아무 말이 없던데.

2

 Have you mentioned our golf trip idea to your wife yet?
우리 골프 여행 계획을 아내에게는 이야기한 거지?

Of course not. It's too soon.
당연히 안 했지. 너무 일러.

Not for this golf resort. It gets booked up months in advance.
(다른 데는 몰라도) 이 골프 리조트는 아니야. 몇 달 전부터 예약이 꽉 차거든.

You're right. I'll buy her some flowers tonight and mention it after dinner.
네 말이 맞네. 오늘 밤에 아내에게 꽃을 사 주고, 저녁 먹고 나서 이야기해야겠다.

FURTHER STUDIES

오늘은 **mention**과 관련된 관용 표현 두 가지를 학습해 보겠습니다.

- 첫 번째 표현은 **now that you mention it**으로 '그러고 보니'라는 뜻입니다. 상대의 말을 듣고 무언가를 떠올리게 되었을 때 쓰는 표현으로, 상대가 언급하지 않았다면 떠올리지 못했을 내용을 말할 때 주로 사용합니다.

    e.g. **Now that you mention it**, I think I saw him yesterday.
    그러고 보니 그 친구 어제 본 것 같아.

    e.g. A: Do you need anything from the convenience store?
    편의점에서 뭐 필요한 거 있어?

    B: **Now that you mention it**, I would like something sweet.
    그럼, 단거 좀 사다 줘. (원래는 별 생각이 없었는데 상대가 편의점에 간다는 이야기를 듣고 보니 단것이 먹고 싶어졌다는 뉘앙스)

- 다음으로 **not to mention**이라는 표현이 있습니다. 장점이나 단점을 열거할 때 '~는 말할 것도 없고'라는 의미로 쓰이며, 보통 문장 끝에 위치합니다. **not to mention** 다음에는 명사, 형용사, 동명사 등이 올 수 있으며, 드물게 절의 형태가 오기도 합니다.

    e.g. The food was delicious, **not to mention** super affordable!
    음식 진짜 맛있더라. 가격 저렴한 건 말할 것도 없고!

    e.g. I'm behind on rent, **not to mention** all my credit card bills.
    나는 월세도 밀렸어. 신용 카드 대금은 말할 것도 없고.

    e.g. This house is in a good neighborhood and spacious—**not to mention**, close to your parent's place. What's not to like?
    이 집은 좋은 동네에 위치해 있고 아주 넓기도 해요. 당신 부모님 댁과 가까운 건 말할 것도 없고 말이에요. 안 좋아할 이유가 없지요?

DAY 78 HANDLE

I can't handle people like her.

그 여자 같은 사람은 도저히 감당이 안 돼요.

김재우의 영어관찰일기

handle은 어떠한 상황, 조건, 사람, 감정, 압박감, 임무 등을 '심리적·정신적·육체적으로 감당하다, 견디다'라는 의미를 지닌 동사입니다. "너무 더워서 못 견디겠어."는 **I can't handle this extreme heat.**과 같이 표현할 수 있으며, "음식이 너무 매워서 감당하기 어려워."라고 할 때는 **That spicy food was more than I could handle.**이라고 할 수 있습니다. 「주어(사물) + be동사 + too much to handle」(~을 감당하기에 벅차다) 또는 「주어(사람) + can barely handle + 목적어(사물)」(~가 겨우겨우 버티며 …을 감당하다) 와 같은 형태로도 자주 쓰이는 활용도 만점의 동사이니 꼭 여러분 것으로 만들기를 바랍니다.

MODEL EXAMPLES

1. I can't handle any more bad news.
   (안 좋은 소식을 동시에 여러 건 접한 팀장이 하는 말) 더 이상의 안 좋은 소식은 감당이 안 됩니다.

2. My two-year-old is a lot to handle.
   우리 두 살짜리 아기는 정말 손이 많이 간다.

3. I don't think I can handle having a pet.
   나는 반려동물을 키우기 힘들 것 같다.

4 I can barely handle one kid. I can't imagine having two!
아이 한 명도 간신히 감당하고 있는데, 두 명은 상상도 안 돼요!

5 I can't handle this heat. Let's sit down somewhere cool.
너무 더워서 견디기 힘들어. 시원한 데 좀 앉자.

SMALL TALK

👩 Gyuho, have you ever considered getting a dog?
규호야, 강아지 키우는 거 생각해 본 적 있니?

👨 Yes, but having a dog would be too much for me to handle right now.
응, 근데 지금은 강아지 키우는 건 감당이 안 될 듯해.

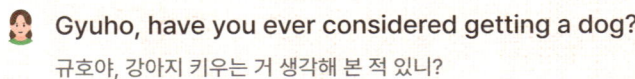

👩 OK, just two more outs, please!
(야구 경기를 보며) 좋아, 아웃 두 번만 더 잡아 줘, 제발!

👨 This game is stressful.
이 경기 진짜 스트레스 주는군.

👩 We've lost five games in a row, and I can't handle another loss.
다섯 경기 연패를 했잖아. 더 이상의 패배는 안 돼.

👨 Ball four. This doesn't look good.
포볼이네. 조짐이 안 좋다.

FURTHER STUDIES

오늘은 대표 문장인 **I can't handle people like her.**에서 연상되는 예의범절과 관련된 표현을 학습하겠습니다.

'무례한, 버릇없는'이라는 뜻으로 가장 흔히 쓰이는 단어는 **rude**입니다. 이보다 다소 완곡한 표현으로는 **unkind**가 있으며, '예의가 없고 남의 기분을 배려하지 않는' 뉘앙스를 가집니다. **impolite** 역시 자주 쓰이며, '무례한, 실례하는'이라는 의미로, 사회적 예절이나 에티켓에 어긋나는 행동에 사용됩니다. **unkind**는 정서적 공감 능력이 부족해 타인에게 상처를 줄 수 있는 말이나 행동을 하는 상황에서 쓰이는 반면, **impolite**는 일반적인 예의범절을 어긴 경우에 더 가깝다고 볼 수 있습니다. 그 외에도 **ill-mannered**(예의 없는), **have no manners**(버릇없다), 그리고 상대를 몹시 불쾌하게 만들 정도로 무례한 경우에는 **obnoxious**(몹시 기분 나쁜, 역겨운)라는 표현도 사용할 수 있습니다.

다음 예문을 통해 자연스럽게 익혀 봅시다.

- e.g. Would it be **rude** if I left your mom's party a little early?
  너희 엄마 (생일) 파티에서 좀 일찍 나오면 무례한 걸까?

- e.g. My sister isn't evil, she's just **unkind**.
  내 여동생이 형편없는 애는 아니고, 그냥 좀 상냥하지 않아.

- e.g. It's **impolite** to ask someone about their salary.
  누군가에게 연봉에 대해 묻는 건 예의가 아니다.

- e.g. The **ill-mannered** boy on the bus was yelling at his mom.
  버스에서 그 버릇없는 아이가 자기 엄마한테 소리를 지르고 있었다.

- e.g. He **has no manners** at home, but he's polite around strangers.
  그는 집에서는 버릇이 없지만, 모르는 사람한테는 예의가 바르다.

- e.g. It's so **obnoxious** to smoke in a park with children nearby.
  근처에 애들이 있는데 공원에서 담배를 피우는 건 정말 불쾌하다.

DAY | 79 SELL

Iced coffee sells year-round.
아이스커피는 사계절 잘 팔립니다.

김재우의 영어관찰일기

sell이라고 하면 '~을 팔다'라는 의미가 가장 먼저 떠오르실 겁니다. 이때의 **sell**은 타동사로 쓰인 경우인데, 이번 시간에는 **sell**의 자동사 용법에 좀 더 집중해서 학습하겠습니다. 대표 문장 **Iced coffee sells year-round.**에서의 **sell**이 자동사이며, 이럴 경우 **is sold**라고 표현하지 않습니다. **sell**을 자동사로 쓰면 주어 자리에 온 제품이나 서비스 등이 얼마나 인기가 있는지, 얼마나 수요가 많은지에 초점이 맞춰집니다. 반면, 「**주어(사물) + be동사 + sold**」와 같이 표현하면 '누가' 또는 '어디서' 파는지에 초점이 맞춰집니다. 따라서 어떤 제품이나 서비스 자체의 '인기, 수요, 가격'을 이야기할 때는 반드시 자동사로 표현한다는 점을 꼭 기억합시다.

MODEL EXAMPLES

1. The author's new book **is selling** like hot cakes*.
   그 작가의 신작이 불티나게 팔리고 있다.

   *sell like hot cakes: 불티나게 팔리다

2. Movie tickets **have been selling** well this year.
   올해는 영화 티켓이 잘 팔리고 있다.

3. My used iPhone only **sold** for 70,000 won.
   내 중고 아이폰이 겨우 7만 원에 팔렸다.

4 I expect these new vintage jeans to **sell** out in a couple days.
이 새 빈티지 청바지는 2-3일 안에 완판될 것 같다.

5 Certain brands **sell** well, even during a recession.
일부 브랜드는 경기 침체 시에도 잘 팔린다.

SMALL TALK

1

That was insane. They were gone before I even clicked "buy."
말도 안 돼. '구매' 버튼을 클릭하기도 전에 다 팔렸어.

I know, the 1300JP New Balance **sold** out in just 10 seconds.
내 말이. 1300JP 뉴발란스 신발이 겨우 10초 만에 완판되었어.

2

That car looks too cheap for its condition.
그 차 상태에 비해 너무 싼 것 같은데.

I thought the same. It's practically a steal.
나도 그렇게 생각했어. 거의 거저더라고.

Is something wrong with it?
문제 있는 차인가?

Nope. It's just priced to **sell** because the owner's moving abroad.
아니. 주인이 해외로 가는 바람에 빨리 팔리게끔 가격을 책정한 거지.

FURTHER STUDIES

오늘은 SMALL TALK 2에서 나온 **steal**이라는 단어에 대해 심화 학습을 이어 가겠습니다.

- **steal**이 동사로 쓰이면 '훔치다'라는 의미지만, 여기에서처럼 **a steal** 형태의 명사로 쓰면 마치 물건을 훔친 것처럼 이득이 된다는 뜻에서 '공짜나 다름없이 산 물건'이라는 의미가 됩니다. "거의 거저야.", "진짜 싸게 산 거지.", "완전 득템이야."라고 할 때의 뉘앙스에 해당합니다.

    e.g. You only paid $100 for your camera? That's **a steal**. That model is selling for 10 times that online.
    그 카메라 겨우 100달러 주고 샀단 말이지? 완전 거저네. 이 모델 온라인에서는 그 10배에 팔리고 있거든.

- 비슷한 표현으로는 **a (real) bargain**이 있으며, 어떤 제품이 품질이나 가치에 비해 매우 저렴할 때 사용합니다.

    e.g. We got the round-trip tickets for $200. It was **a real bargain**.
    우리는 왕복 티켓을 200달러에 샀어. 정말 싸게 잘 샀어.

- **a real bargain**을 다음과 같이 부정문으로 쓰면 '다 비싸다, 싼 게 없다'라는 의미가 됩니다. 원어민들이 꽤나 자주 쓰는 관용 표현이니 꼭 알아 둡시다.

    e.g. There are **no real bargains** these days.
    요즘은 싼 게 하나도 없어.

DAY | 80 SUIT

Bow ties don't suit me.

나비넥타이는 저한테 안 어울려요.

김재우의 영어관찰일기

동사 **suit**은 '~에게 맞다, 어울리다, 적합하다'라는 의미로, 주어 자리에는 옷, 머리 모양, 직업(일), 기회, 일정 등이 오며, 목적어 자리에는 일반적으로 사람 또는 사람의 성향을 나타내는 표현이 옵니다. 예를 들어 "영업은 나랑 안 맞는다."라는 말은 **Working in sales doesn't really suit me.**로 표현할 수 있습니다.

MODEL EXAMPLES

1. Horizontal stripes don't **suit** me.
   가로 줄무늬는 나에게 어울리지 않는다.

2. Working for a company doesn't **suit** me. I don't like having a boss.
   직장 생활은 나랑 안 맞는다. 상사가 있다는 게 싫다.

3. Teaching kids doesn't **suit** his personality.
   아이들을 가르치는 건 그 사람 성격에 안 맞는다.

4. This opportunity may **suit** you more than me.
   이번 일자리 기회는 나보다는 너한테 더 딱일지도 몰라.

5. What time **suits** you best?
   몇 시가 가장 좋으신가요?

SMALL TALK

🧑‍🦰 Andrew, no offense, but I don't think that turtleneck really **suits** you.
앤드루, 기분 나쁘게 듣지는 말고, 터틀넥은 너한테 썩 어울리지 않는 듯해.

🧑 I agree, but my mother-in-law bought it for me, and I'm having dinner with her tonight.
나도 그렇게 생각하는데 우리 장모님이 사 주신 거라서. 오늘 저녁에 장모님이랑 식사를 하거든.

🧑‍🦰 I was born in Korea, but I moved to the U.S. when I was two.
저는 한국에서 태어났는데 두 살 때 미국으로 (이민) 갔어요.

🧑 I see. How have you liked living in Korea so far?
아, 그렇군요. 그럼 지금까지의 한국 생활은 어땠어요?

🧑‍🦰 It's still tough for me after 15 years. Living in Korea doesn't really **suit** me.
15년째인데도 여전히 힘들어요. 한국 생활은 진짜 저랑 안 맞아요.

🧑 That's too bad, but I know what you mean.
어떡해요. 근데 무슨 말인지는 알겠습니다.

FURTHER STUDIES

오늘은 SMALL TALK 2에서 소개된 **That's too bad.**라는 표현에 대해 학습하겠습니다. 상대방에게 있었던 안 좋은 일을 듣고 공감하거나 위로할 때 쓰는 표현으로 "어떡해요.", "안타깝네요." 정도에 해당합니다. 비슷한 표현으로는 **That sounds rough., I'm sorry to hear that., That must be hard. That's no fun.** 등이 있습니다.

- 우선 **That's too bad.**를 사용한 대화문을 보겠습니다.

    e.g. A: I have a terrible backache after sitting all day.
    하루 종일 앉아 있었더니 허리가 너무 아파요.

    B: **That's too bad.** I bet that makes doing your job difficult.
    어떡해요. 그럼 하는 일이 힘들어질 텐데.

- 다음은 **That sounds rough.**를 이용한 대화문입니다. **That's too bad.**나 **That's no fun.**으로도 바꾸어 쓸 수 있습니다.

    e.g. A: I haven't slept more than three hours all week. I feel like a zombie.
    이번 주 내내 3시간 이상 못 잤어. 완전 좀비가 된 느낌이야.

    B: Whoa, **that sounds rough**. What's going on?
    아, 힘들겠다. 무슨 일인데?

- 마지막으로 **Sorry to hear that.**과 **That's no fun.**을 이용한 대화문을 보겠습니다.

    e.g. A: I have to work on Sunday this weekend.
    이번 주말에 일요일에도 일해야 해.

    B: **Sorry to hear that. That's no fun.**
    어떡해. 진짜 좀 그렇다.

DAY 81 — MISS

I'm very sorry for missing our meetup yesterday.

어제 모임에 못 가서 너무 미안해요.

김재우의 영어관찰일기

miss는 '목표물 등이 빗나가다'라는 가장 기본적인 뜻이 있으며, 여기서 확장되어 '버스, 기차, 비행기, 전화, 정류장 등을 놓치다'라는 의미로도 쓰입니다. 좀 더 의미가 확장되면 기회를 놓칠 때도 쓰이는데, '일상적인 일, 중요한 행사, 일정 등에 의도치 않게 가지 못하다, 놓치다'라는 뜻이 있습니다. skip이 '의도적으로 건너뛴다'는 의미인 반면에 miss는 '의도치 않게 놓친다'는 의미라는 점에서 이 두 동사는 용법이 다르다고 할 수 있습니다.

MODEL EXAMPLES

1. Don't miss the chance to see the cherry blossoms today.
   오늘 벚꽃 볼 기회를 놓치지 마.

2. The Dodgers are playing in Tokyo, and I'm not going to miss my chance to see Ohtani play.
   도쿄에서 다저스가 경기를 하는데 오타니가 뛰는 걸 볼 기회를 놓치지 않을 거야.

3. Sorry I missed your call. My phone was on silent.
   전화 못 받아서 미안해. 내 핸드폰이 무음으로 되어 있었어.

4. Sorry, I missed my stop and had to backtrack.
   미안, 정류장을 지나치는 바람에 어쩔 수 없이 되돌아가야 했어.

5. I'm not going to **miss** your wedding for anything.
네 결혼식에는 무슨 일이 있어도 갈게.

SMALL TALK

1

🧑 Why don't we go to Japan this week?
이번 주에 일본 가는 거 어때?

👦 Well, you know it's Parents' Day this week. We**'ve** never **missed** a holiday at your parents' place.
이번 주엔 어버이날이 있잖아. 이런 날 당신 부모님 댁에 안 간 적 없잖아.

2

🧑 I'm so sorry I'm late.
늦어서 미안해.

👦 No problem. Are you OK? You look sweaty.
아니야. 근데 너 괜찮아? 땀에 흠뻑 젖었네.

🧑 I was on the subway watching YouTube, and I **missed** my stop.
지하철에서 유튜브 보느라 정거장을 지나쳤어.

👦 I see. You must've been really into that video!
그렇구나. 그 영상 진짜 재미있었나 보다!

FURTHER STUDIES

오늘은 SMALL TALK 2에서 나온 문장 **I was on the subway watching YouTube, and I missed my stop.**과 관련 있는 「**장소 + 행위**」 문형에 대해 학습하겠습니다.

보통 '어디에서 무엇을 하고 있다/하고 있었다'라고 하려면 「**be동사 + -ing**」의 진행형으로 표현하지만, "지금 어디야?", "그때 어디에서 뭐하고 있었니?"라고 묻는 질문에 답할 때는 「**장소 + 행위**」로 표현하는 것이 좀 더 적절한 선택입니다. 위의 문장 역시 **I was watching YouTube on the subway.**라고 해도 틀리지 않지만 맥락상 「**장소(the subway) + 행위(watching)**」가 조금은 더 자연스럽답니다.

다음은 모두 '어디에서 뭐 하고 있는지/있었는지' 묻는 질문에 「**장소 + 행위**」로 답하는 예문들입니다.

- e.g. I'm in **Yeouido talking** to a friend.
지금 여의도에서 친구랑 이야기하고 있어.

- e.g. I'm at **the mall doing** some grocery shopping.
나 지금 마트에서 장 보고 있어.

- e.g. I'm at **a café reading**.
카페에서 책 읽고 있어.

- e.g. We were at **the park taking** a walk.
공원에서 산책하고 있었어.

활용하기 어려운 문형은 아니지만 이렇게 표현하는 '습관'을 들이는 건 또 다른 문제이니, 해당 문형에 대한 반복적인 노출과 연습이 필수입니다.

DAY | 82 FINISH ①

The game finished 4-3 in extra innings.
경기가 연장전 끝에 4대 3으로 끝났어요.

김재우의 영어관찰일기

동사 **finish**가 자동사로 쓰이면 '끝나다, 마치다, 마무리되다'라는 의미를 지닙니다. '(수업이나 행사 등이 몇 시에) 끝나다[마치다]', '스포츠 경기가 어떠한 결과로 끝나다', '(사람이) 일정을 마치다', '학교 등을 마치고 졸업하다'와 같이 매우 다양한 상황에서 쓰입니다. **The workshop finished at 7 p.m.**(워크숍이 저녁 7시에 끝났다.), **The match finished in a draw.**(경기가 무승부로 끝났다.), **We finished early today.**(오늘은 일찍 마쳤다.), **I finished last year and started working right away.**(작년에 학교 졸업하고 바로 일을 시작했어요.) 등과 같은 용례가 있습니다.

MODEL EXAMPLES

1. I'm in class now. I'll call you after I finish.
   지금 수업 중이야. 마치고 전화할게.

2. I finish at 5 p.m. tomorrow, so any time after 5 works for me.
   내일은 오후 5시에 마치니까, 5시 이후로는 언제라도 괜찮습니다.

3. I have to work on Saturdays, but at least I finish early.
   토요일도 일을 하긴 하는데, 그래도 그나마 일찍 마쳐요.

4. She's still in med school, but I don't know when she'll finish.
   (엄마가 딸 얘기를 하며) 딸아이가 아직 의대에 다니고 있는데, 언제 졸업할지는 모르겠어요.

5 He **finished** second in the competition.
그는 시합에서 2위로 마쳤다.

SMALL TALK

1

🧑 What time did you say you **finish**? I want to pick you up.
(필라테스 강사인 여자 친구에게) 오늘 밤에 몇 시에 마친다고 했지? 데리러 갈게.

👩 My last client cancelled, so I will **finish** at 8 p.m.
마지막 수업 회원이 취소해서, 저녁 8시에 끝날 거야.

2

👩 Are you guys still working on the group presentation?
너희들 아직 그룹 발표 준비 중이야?

🧑 No, we **finished** ahead of schedule and sent it in.
아니, 일정보다 빨리 끝나서 제출했어.

👩 That's awesome.
멋지다.

🧑 It helped that everyone showed up this time.
이번에는 다들 안 빠지고 와서 (제때 마무리하는 데) 도움이 되었지.

FURTHER STUDIES

오늘은 SMALL TALK 2에서 나온 **send in**과 관련된 표현을 학습하겠습니다. '제출하다' 라고 하면 **submit**을 떠올리는 학습자들이 있을 겁니다. **submit**은 공식적인 상황에 가장 적합한 단어입니다. 좀 더 비격식적인 표현으로는 **hand in**, **turn in**, **send in**이 있으며 각각의 용례는 다음과 같습니다.

- **hand in**: **hand**라는 단어에서 알 수 있듯이 직접 가서 손으로 제출하는 것을 말하며 주로 학교에서 과제 등을 제출할 때 가장 많이 씁니다.
- **turn in**: 과제, 보고서, 공식 문서 등을 제출할 때 쓸 수 있으며, 직접 제출할 때뿐만 아니라 온라인으로 제출할 때도 많이 씁니다.
- **send in**: 우편이나 이메일을 포함한 온라인으로 제출할 때 쓰는 표현으로 지원서, 요청서, 양식 등이 목적어로 오는 경우가 많고, 보내는 사람과 받는 사람이 멀리 떨어져 있을 경우에 가장 적합합니다.

그럼 각 표현을 활용한 예문을 살펴보겠습니다.

- e.g. Please **hand in** your test papers when you're done.
  다 풀었으면 시험지를 앞으로 제출해 주세요.

- e.g. I **turned in** my resignation letter today.
  나는 오늘 사직서를 제출했다.

- e.g. I **sent in** my manuscript, but I'm not sure if the publishing house received it yet.
  내 원고를 보냈는데 출판사에서 받았는지 모르겠네.

DAY 83 — FINISH ②

I can't finish this cake—it's too sweet.

이 케이크 다 못 먹겠어요. 너무 달아요.

김재우의 영어관찰일기

동사 finish는 보통 「finish + -ing」 형태로 많이 알려져 있지만, 「finish + 명사」 형태로도 아주 자주 쓰이며, 이때는 '쉽지 않은 무언가를 끝내다, 다 먹다, 다 하다'라는 의미를 갖습니다. 예를 들어, **I can't finish this cake.**라고 하면 "이 케이크를 다 못 먹겠어."라는 자연스러운 표현이 됩니다. 만일 **I can't finish eating this cake.**라고 하면 finish 다음에 **eating**이라는 구체적인 '동사'를 덧붙임으로써 문장이 길어질 뿐만 아니라 실제 원어민들이 쓰는 방식에서도 조금 벗어나게 됩니다. 따라서 오늘 배우는 「finish + 명사」 형태는 간결하면서도 더 자연스럽게 실제 회화에 가깝게 표현하는 데 도움이 됩니다.

MODEL EXAMPLES

1. I need to **finish** my chores first and then I'll call you.
   우선 집안일부터 마무리하고 전화할게.

2. Did you seriously **finish** that whole pizza by yourself?
   진심 피자 한 판을 혼자 다 먹었어?

3. I **finished** the whole novel in one sitting.
   소설 한 권을 앉은 자리에서 다 읽었다.

4. I just **finished** the book you recommended.
   네가 추천해 준 책 얼마 전에 다 읽었어.

5 Steve Jobs never **finished** college.
스티브 잡스는 대학을 졸업하지 못했다.

SMALL TALK

1

I got hooked on this Netflix series last weekend: *A Man on the Inside*.
지난 주말에 〈스파이가 된 남자〉라는 넷플릭스 시리즈에 꽂혔어.

Oh, me too! I **finished** it in one sitting.
오, 나도! 앉은 자리에서 다 봤지.

2

Didn't you go on a date last night?
어젯밤에 데이트 안 했어?

Yeah, but it was awful.
했는데, 최악이었어.

Why? What happened?
왜? 무슨 일인데?

She **finished** the whole bottle of wine by herself and threw up in my car.
여자분이 혼자 와인 한 병을 다 마시고 내 차에 토했지 뭐야.

FURTHER STUDIES

오늘은 SMALL TALK 2에서 소개한 「**go on (a) + 명사**」로 표현하는 법을 학습하겠습니다. 이 표현은 주로 다음과 같이 연어(collocations)를 이루어서 사용됩니다.

- **go on a (blind) date**: 데이트하다, 소개팅을 하다
- **go on a picnic**: 소풍을 가다
- **go on a diet**: 다이어트하다
- **go on a (business) trip**: 여행[출장] 가다
- **go on a hike**: 하이킹[등산] 가다
- **go on strike**: 파업하다

다양한 예문들을 통해 좀 더 살펴보겠습니다.

e.g. I don't ever want to **go on a blind date** again.
다시는 소개팅 안 하고 싶어.

e.g. Let's **go on a picnic** this weekend.
이번 주말에 피크닉 가자.

e.g. My daughter keeps telling me I need to **go on a diet**.
제 딸이 계속 저에게 다이어트를 해야 한다고 해요.

e.g. Let's **go on a trip** this summer.
이번 여름에 여행 가자.

다음은 지하철 파업으로 인해 배차 간격이 길어지거나 일부 열차가 운행되지 않아 승객들이 몰려 혼잡한 상황에서 나누는 대화입니다.

e.g. A: Why are there so many people waiting for the subway at this hour?
이 시간에 지하철 기다리는 사람이 왜 이렇게 많은 거야?

B: Maybe the subway workers **went on strike** again.
아마 지하철 직원들이 다시 파업에 들어갔나 봐.

DAY 84 BELONG

These mugs belong in this cupboard.
이 머그잔들은 이 수납장에 둬야 해요.

김재우의 영어관찰일기

동사 **belong**은 '누구에게 또는 어디에 속하다'라는 의미를 지니고 있습니다. 어떠한 사물이 원래 있어야 할 곳이 어디인지, 또는 어떠한 물건이 누구의 것인지 말할 때 가장 많이 쓰는 단어가 **belong**입니다. 비유적인 의미도 있는데, '(사람이) 특정 조직, 그룹, 사회 등에 소속감을 느끼다', '여기가 내가 있을 곳이다'라고 할 때 많이 쓰입니다. 예를 들어, 이직한 회사에 적응하지 못했다면 **I feel like I don't belong here.**(여기가 내 자리가 아닌 것 같아.)라고 말할 수 있습니다.

MODEL EXAMPLES

1. Where do these books **belong**?
   이 책들은 어디에 둬야 하는 거야?

2. Does this car **belong** to you?
   이 차 그쪽 차인가요?

3. Who does this locker **belong** to?
   이 사물함 누가 쓰고 있는 건가요?

4. That team wasn't a good fit—I just didn't **belong** among such intense personalities.
   그 팀은 저랑 잘 안 맞았어요. 그렇게 강한 성격들 사이에서 어울리지 못했거든요.

5 It took me years to find a place where I truly **belong**.
진정 내가 있을 곳이라는 생각이 드는 곳을 찾는 데 몇 년이 걸렸다.

SMALL TALK

1

🧑 What a great watch! It looks vintage.
시계 너무 멋지다! 빈티지 같아 보이네.

👦 Thank you. It **belonged** to my grandfather. He wore this watch while fighting in World War II.
고마워. 원래 우리 할아버지 것이야. 제2차 세계 대전에 참전하셨을 때 이 시계를 차셨어.

2

🧑 I couldn't have published this book without you.
(서울에 사는 외국인 작가의 말) 당신 없이는 이 책을 출판할 수 없었을 겁니다.

👦 I'm so glad I could help, but you did the work.
도움이 됐다니 좋네요. 하지만 작가님께서 하신 일인걸요.

🧑 Thank you. What's more is that I finally feel comfortable in Korea.
고맙습니다. 게다가 이제 드디어 한국이 편하게 느껴진답니다.

👦 Yeah, you **belong** in Korea. You've come a long way.
맞아요, 이제 한국 사람 다 된 거죠. 여기까지 오느라 참 많이 노력하셨어요.

FURTHER STUDIES

오늘은 SMALL TALK 2에 소개된 **come a long way**라는 표현을 학습하겠습니다. 직역하면 '먼 길을 오다'인데, 보통 현재완료 형태로 '많은 발전을 했다, 처음 시작했을 때와 지금을 비교하면 몰라보게 달라졌다'라는 긍정의 표현으로 쓰입니다. 오랜 시간 동안 노력해 온 결과로 지금의 성장을 이뤘다는 뉘앙스를 담고 있어, 칭찬이나 격려의 말로 자주 사용됩니다.

한국의 발전상에 감탄한 상황이라면 다음과 같이 표현할 수 있습니다.

- e.g. Korea **has come a long way** in the last 50 years.
  한국은 50년 전과 비교하면 완전 딴판이야.

지금은 유명하지만, 한때는 무명 시절을 보냈던 한 음악가에게 다음과 같이 말할 수 있습니다.

- e.g. You**'ve come a long way** as a musician.
  뮤지션으로서 정말 놀라운 성장을 하셨습니다.

다음은 6평 남짓하는 작은 가게로 시작했지만 지금은 체인점까지 거느리고 있는 사업가가 하는 말입니다.

- e.g. This little restaurant **has come a long way**.
  이 작은 식당이 지금은 이렇게 커졌네요.

마지막으로 과거에는 영어 왕초보였는데 지금은 고급 수준의 영어를 구사하는 학습자에게 이렇게 칭찬할 수 있습니다.

- e.g. Your Englis**h has come a long way**.
  당신의 영어가 몰라보게 달라졌어요.

이처럼 정말 다양한 상황에서 쓰이는 **come a long way**, 꼭 내 것으로 만듭시다.

DAY 85 | AFFORD

I wish I could afford to buy a place around here.

이 근처에 집 살 형편이 되면 좋을 텐데요.

김재우의 영어관찰일기

afford는 주로 경제적·재정적으로 '~할 형편이 되다'라는 의미로 쓰이지만, 더 넓게는 상황적으로 '~을 할 수 있는 여유가 되다'라는 의미로도 자주 사용됩니다. 예전에 서울에 거주하는 미국인 친구가 **I hope to go home for Christmas this year, but I'm not sure if we can afford it yet.**(올해 크리스마스에 고향에 가고 싶지만, 상황이 허락할지 모르겠어.)이라고 말한 적이 있습니다. 여기서 afford는 단순한 금전적 여유뿐 아니라, 시간·여건 등을 포함한 전체적인 '형편'이 되는지를 의미합니다. 또한, afford는 「afford + 명사」와 「afford + to부정사」 형태로 사용된다는 점도 알아 둡시다.

MODEL EXAMPLES

1. It was something I could barely afford.
   그건 내게 좀 부담스러운 금액이었다.

2. I knew I couldn't afford that car, but I test-drove it anyway.
   그 차를 살 여유가 없다는 건 알았지만, 그래도 시승해 보았다.

3. I had to quit my studies in America because my parents couldn't afford to pay anymore.
   미국에서의 학업을 중단할 수밖에 없었습니다. 부모님이 더 이상 학비를 감당할 형편이 안 되었거든요.

4 This is the only neighborhood in Seoul where I can **afford** a place.
이곳은 서울에서 내 형편에 맞는 유일한 동네이다.

5 I can't **afford** to take a break until this project is done.
이번 프로젝트 마칠 때까지는 쉴 형편이 안 된다.

SMALL TALK

1

🧑 I just splurged* on a designer suit.
얼마 전에 명품 양복 질렀어.

*splurge: 돈을 마구 쓰다
(평소보다 큰돈을 들여 사치품이나 고가의 물건을 과감하게 구매할 때)

👩 How can you **afford** that? I barely manage my rent!
그 비싼 걸 어떻게? 난 월세도 겨우 내는데!

2

🧑 Have you ever considered moving to a new neighborhood?
다른 동네로 이사 가는 거 생각해 본 적 있어?

👩 The rent here is pretty cheap, so I can't **afford** to move anywhere else.
이 동네 월세가 저렴한 편이라, 다른 데 이사 못 가.

🧑 That's not a bad thing—our neighborhood is great.
그건 나쁜 건 아니지. 우리 동네 좋잖아.

👩 Exactly, I'm really happy with where we live now.
맞아, 지금 사는 동네에 충분히 만족해.

FURTHER STUDIES

동사 **afford**의 형용사형인 **affordable** 역시 자주 사용되는 단어입니다. '~을 감당할 수 있는'이라는 의미이며, 부정문에서 사용되면 '~을 감당할 수 없는, 버거운, 부담스러운'이라는 뜻으로 쓰입니다. **expensive**가 단순히 가격이 비싼 것을 나타내는 데 반해, **not affordable**은 화자의 입장이나 기준에서 볼 때 감당할 수 없거나 비싸다는 의미라는 점에서 차이가 있습니다.

다음 예문들을 통해 상황에 맞춰 자연스럽게 **affordable**을 익혀 봅시다.

- e.g. Travel **isn't affordable** these days.
  요즘 여행 가는 것도 부담스러워요.

- e.g. The travel agency offers exotic vacation packages at **affordable** prices.
  그 여행사는 부담 없는 가격에 이국적인 휴가 패키지를 제공한다.

- e.g. That's **not** an **affordable** option for me right now.
  (자동차를 고르는 상황) 지금 제 형편엔 그건 감당하기 어려운 선택지예요.

- e.g. Hyundai cars are good enough and way more **affordable** than imports.
  현대차도 충분히 좋고, 수입차보다 훨씬 부담이 적어요.

- e.g. "**Affordable**" doesn't have to mean "cheap."
  '합리적인 가격'이 꼭 '싸구려'라는 뜻은 아닙니다.

- e.g. We need to introduce an **affordable** line that still feels premium.
  프리미엄 느낌을 주면서도 부담 없는 가격대의 제품 라인을 도입할 필요가 있습니다.

DAY 86 GRAB

Please grab a seat and we'll get started.
다들 자리 잡고 앉으시면 시작하겠습니다.

김재우의 영어관찰일기

grab은 기본적으로 '~을 붙들다, 쥐다'라는 의미의 동사입니다. "유리잔이 바닥에 떨어지기 전에 잡았어요."는 I grabbed the falling glass just before it hit the ground.로 표현합니다. 이 외에도 grab은 다양한 목적어를 취하며 여러 상황에서 사용됩니다. **grab a bite**(간단히 먹다), **grab a coffee**(간단하게 커피 한잔하다), **grab a seat**(자리를 잡다), **grab one's attention**(이목을 끌다) 등 수많은 연어(collocations)를 이루며 사용되며, 「grab + 사물 + for + 사람」 혹은 「grab + 사람 + 사물」 형태로 '~에게 …을 사서 가지고 가다'라는 의미로도 사용됩니다.

MODEL EXAMPLES

1. Hold on—I need to grab my jacket before we go.
   (함께 외출하는 상황에서 남편이 아내에게 하는 말) 잠시만, 가기 전에 재킷을 챙겨야 해.

2. Can you grab me a coffee on your way back?
   들어오는 길에 커피 한 잔 사다 줄래?

3. Let's grab a drink tomorrow night.
   내일 밤에 간단히 한잔하자.

4. Let's grab a table near the window.
   창가 쪽에 자리 잡자.

5 Sorry I'm late. There were some buskers on the way that grabbed my attention.
늦어서 미안. 오는 길에 눈길을 끄는 버스킹 공연자들이 있었어.

SMALL TALK

This place is great. Ocean views all around.
여기 진짜 좋다. 어디서든 바다가 보여.

Yeah, I'll order for us, and you grab us a table near the window.
응, 내가 주문할 테니까 너는 창가 자리 맡아 줘.

This is the best buffet I've ever been to.
여긴 내가 가 본 뷔페 중 최고야.

I know. I don't even like buffets usually, but it is great.
맞아. 난 보통은 뷔페 별로 안 좋아하는데, 여긴 정말 좋다.

I'm gonna go grab some more crab legs. You want anything?
가서 게 다리 좀 더 가져오려고 해. 필요한 거 있어?

Yeah, get me a few dim sum dumplings.
응, 딤섬 몇 개만 갖다줘.

FURTHER STUDIES

오늘은 SMALL TALK 2에 나온 **I know.**라는 표현에 대해 학습하겠습니다. **I know.**는 상대의 말에 맞장구를 치거나 동의할 때 쓰는 표현으로 "맞아.", "누가 아니래." 정도의 의미입니다. 비슷한 표현으로 **Totally.**, **Exactly.**, **So true.**, **I couldn't agree more.** 등이 있습니다.

다음 대화문을 통해 확실히 익혀 봅시다.

- e.g. A: It's still pretty cold outside for the middle of April.
    4월 중순치고는 아직 꽤 춥네.

    B: I know. It's so annoying. I wore a coat to work today.
    맞아. 너무 짜증 나. 오늘 코트 입고 출근했잖아.

- e.g. A: Gas prices are insane.
    휘발유 가격이 미쳤어.

    B: I know. I've been taking the subway this month.
    맞아. 이번 달에는 지하철 타고 다니고 있어.

- e.g. A: The news has been too depressing lately.
    최근에는 뉴스가 너무 우울해.

    B: I know. I just watch old cartoons these days to escape reality.
    맞아. 요즘에 난 현실을 회피하려고 그냥 옛날 만화를 봐.

DAY | 87 — FIX

I'm not sure if we can fix our marriage.

우리가 다시 결혼 생활을 잘할 수 있을지 모르겠어요.

김재우의 영어관찰일기

동사 **fix**의 기본적인 의미는 '~을 고치다'입니다. 비슷한 뜻의 **repair**(수리하다)와 비교해 보면, **fix**는 좀 더 광범위하게 '손보다, 고치다'라는 뉘앙스를 지니며, 꼭 전문가가 아니더라도 기계, 컴퓨터, 고장 난 물건 등을 직접 손보는 상황에 자주 사용됩니다. 반면, **repair**는 보다 전문적인 수리나 정비를 하는 상황에서 쓰이는 경우가 많습니다. 이 점에 대해서는 FURTHER STUDIES에서 더 자세히 다루겠습니다. **fix**는 비유적인 의미로도 자주 사용되는데, '(어떤 문제나 잘못된 상황을) 바로잡다, 해결하다'라는 뜻이 있습니다. 예를 들어, 문제가 많은 경제를 손봐서 회복시킨다고 할 때도 **fix**가 자연스럽게 사용됩니다.

MODEL EXAMPLES

1. I can **fix** anything.
   난 뭐든 다 고칠 수 있어.

2. I tried to **fix** my computer, but they don't sell the parts anymore.
   내 컴퓨터를 고치려고 해 봤지만, 더 이상 부품을 팔지 않는다.

3. This crack in your windshield can't **be fixed**.
   앞 유리에 난 이 금은 수리할 수 없습니다.

4. The new CEO says she can **fix** our declining profits.
   신임 대표는 줄어드는 우리의 수익을 회복시킬 수 있다고 말합니다.

5. The healthcare system is broken; we need to **fix** it.
의료 시스템이 붕괴되었습니다. 이걸 바로잡아야 합니다.

SMALL TALK

- So this update will **fix** all the bugs?
  그래서 이 업데이트를 하면 버그가 모두 해결된다는 거죠?

- It should, but we won't know until it's released.
  그럴 겁니다. 근데 업데이트가 공식 배포되기 전까지는 장담 못 합니다.

- How can a politician possibly promise to **fix** the whole country?
  어떻게 정치인 한 명이 나라 전체를 살린다고 장담할 수 있지?

- Yeah, politicians are always overselling* and underdelivering**.
  맞아, 정치인들은 늘 허풍을 떨고는 약속을 지키지 못하지.

  *oversell: 부풀려[과장해서] 말하다
  **underdeliver: 기대한 것보다 실망스러운 결과물을 내놓다

- Seriously. It'd be nice to hear a realistic platform for once.
  누가 아니래. 단 한 번이라도 현실적인 공약을 들을 수 있으면 좋을 텐데.

- I agree. Don't promise what you can't deliver, right?
  맞아. 지킬 수 없는 약속은 하면 안 되는 건데, 그치?

FURTHER STUDIES

오늘은 '고치다, 수리하다'라는 의미로 쓰이는 **fix**와 **repair**의 차이점 및 **fix**의 다른 뜻에 대해 학습하겠습니다.

- **fix**: **repair**에 비해 훨씬 광범위하게 사용되며, 특히 일상 대화에서 자주 쓰입니다. 전문가가 수리를 하는 느낌보다는 '손을 보다' 정도의 어감이 강해서 무언가를 완전히 고치지 않고 임시방편으로 때울 때도 자주 쓰입니다. 비유적으로 사람 간의 관계, 잘못된 문화, 시스템, 경제 등을 손본다고 할 때도 사용됩니다.
- **repair**: **fix**에 비해 훨씬 격식을 갖춘 표현입니다. 전문가가 고치는 어감이 강하며, **fix**와는 다르게 사물을 수리하거나 고칠 때만 쓰입니다.

다음 예문을 통해 **fix**와 **repair**의 어감을 확실히 구분해 봅시다.

- e.g. Sometimes you can **fix** something by just smacking it really hard.
  어떨 때는 뭔가를 그냥 세게 때리면 고쳐질 때도 있다.

- e.g. If you can't **fix** the problem with a new battery, you'll have to take it to an expert to **repair** it.
  배터리를 새로 갈아도 안 고쳐지면, 전문가한테 맡겨서 수리해야 할 거야.

- **fix**는 '(날짜 등을) 정하다', '(간단한 음료나 음식을) 준비[마련]하다' 같은 의미로도 쓰입니다.

  - e.g. Let's **fix** the date as soon as possible.
    최대한 빨리 날짜를 확정하자.

  - e.g. This date **is** not **fixed**, so we'll let you know if it changes.
    이 날로 확정된 건 아니니 바뀌면 알려 줄게.

  - e.g. Can I **fix** you a cup of tea?
    차 한 잔 준비해 줄까요?

DAY 88 DESERVE

I think they got what they deserve.

그 사람들 당해도 싸다고 생각해요.

김재우의 영어관찰일기

deserve는 누구에게 어떤 것을 누릴 자격이 있을 때, 또는 누가 무언가를 받아야 마땅할 때 쓰입니다. 크게 보면 두 가지 상황에서 자주 사용됩니다. 첫 번째는 긍정적인 경우로, 예를 들어 **You deserve a luxurious day at the spa.**(당신은 스파에서의 비싼 하루를 보낼 자격이 있어요.)라고 하면 상대방의 수고를 인정하면서 그런 여유를 누릴 자격이 있다고 말하는 뉘앙스입니다. 두 번째는 부정적인 상황입니다. 예를 들어, **Only one year in prison? He deserves at least 20 years for what he did.**(겨우 1년 형이라고? 그가 한 짓에 대해 최소 20년 형은 받아야 마땅한데.)는 잘못을 했으면 그에 합당한 처벌을 받아야 한다는 의미입니다. 보통 「deserve + 명사」나 「deserve + to부정사」 형태로 쓴다는 점도 기억합시다.

MODEL EXAMPLES

1. You've been working day and night, so you deserve some time off.
   당신은 그동안 밤낮없이 일을 해 왔으니, 좀 쉴 자격이 있어요.

2. It's not nice to break up over text. He deserves better than that.
   문자로 헤어지는 건 너무한 거야. 그 사람 그 정도 취급받을 사람은 아니잖아.

3. What makes you think you deserve a higher salary?
   당신이 급여를 더 받아야 한다고 생각하는 이유는 뭔가요?

4 What did I do to deserve this?
내가 무슨 잘못을 했길래 이런 꼴을 당하나?

5 This movie is amazing. It deserves to win an award.
이 영화 끝내주는군. 상 받을 만해.

SMALL TALK

🧑 You deserve a vacation. You've been working without a break for years.
너 휴가 갈 자격 있어. 몇 년 동안 쉬지 않고 일하고 있으니까.

👩 Yeah, maybe I should take some time off.
응, 당분간 좀 쉬어야 할 것 같기도 해.

🧑 I've been saving up for months to buy this new smartphone.
이 새 스마트폰 사려고 몇 달간 돈 모으고 있어.

👩 That's a lot of dedication!
정말 대단한 집념이다!

🧑 Yeah, I even worked extra shifts just to afford it.
응, 이걸 사려고 추가 교대 근무도 했어.

👩 Well, if you worked that hard, then you deserve to have it!
음, 그렇게 열심히 일했다면 가질 만하네!

FURTHER STUDIES

SMALL TALK 1에 나오는 **You deserve a vacation.**(너 휴가 갈 자격 있어.)을 보면, **vacation** 앞에 왜 관사 **a**를 썼는지 의문이 들 수 있습니다. **vacation**을 셀 수 없는 명사로만 알고 있는 학습자도 있겠지만, 문맥에 따라 셀 수 있는 명사로도 사용됩니다. 셀 수 없는 경우에는 '휴식'이라는 개념적 의미이고, 셀 수 있는 경우에는 '휴가를 다녀오는 구체적인 행위'를 뜻합니다.

다음 예문을 통해서 그 차이를 비교해 봅시다.

- e.g. I'm on **vacation** now.
  지금 휴가 중이에요. (구체적인 여행이나 행위가 아닌 '휴식, 휴가'라는 개념)
- e.g. I need **a vacation**.
  휴가가 필요해요. (휴가를 내서 어딘가에 다녀오는 구체적인 행위)

vacation처럼 일반적으로는 셀 수 없는 명사로 쓰이다가도 상황에 따라서 셀 수 있는 명사로 쓰이는 대표적인 명사에는 **experience**, **effort**, **difficulty**, **business** 등이 있습니다. 이 중 **effort**를 살펴보면, '수고, 노력'이라는 개념적인 의미일 때는 관사 없이 쓰지만, '구체적인 시도, 노력'일 경우 **an effort** 또는 **efforts**로 씁니다.

다음 예문으로 비교해 보시기 바랍니다.

- e.g. Writing a book requires a lot of time and **effort**.
  책을 쓰는 것은 많은 시간과 노력이 필요하다. ('수고, 노력'이라는 개념)
- e.g. You need to make **an effort** to pay more attention in class.
  수업에 더 집중하기 위해서는 노력해야 한다. (구체적인 노력과 시도)

CHAPTER 5

실생활에서 유용하게 쓰이는 표현 동사

특정한 맥락에서 자연스러운 표현을 만드는 동사

MIND

·

BOOK

·

SEEM

·

BOTHER

·

SPARE

RUIN

·

OWE

·

QUIT

·

ARRANGE

·

SKIP

·

SPOIL

DAY | 89 MIND

I wouldn't mind staying at this hotel.

저는 이 호텔에 묵어도 괜찮아요.

김재우의 영어관찰일기

mind는 다양한 문맥에서 쓰이는 활용도 만점의 매우 유용한 동사입니다. 부정문에서는 '~을 개의치 않다, 상관하지 않다'라는 의미로 쓰이며, 보통 don't mind, 「don't mind + 명사」, 「don't mind + 동명사」 형태로 사용됩니다. 대표 문장처럼 wouldn't mind를 쓰면 좀 더 공손하고 부드러운 어감을 줄 수 있습니다. 의문문에서는 양해를 구하거나 부탁할 때 '~해도 괜찮을까요?, ~해도 괜찮으시겠죠?'와 같은 의미로 사용되며 「Do you mind if + 주어 + 동사 ~?」, 「Would you mind if + 주어 + 동사 ~?」, 「Do you mind + 동명사 ~?」, 「Would you mind + 동명사 ~?」의 형태로 사용됩니다.

MODEL EXAMPLES

1. I don't mind meeting at either place.
   난 두 곳 중 어디서 봐도 괜찮아.

2. I hope you don't mind if I take the last donut.
   마지막 남은 도넛 내가 먹어도 괜찮겠지?

3. Do you mind if I bring a friend?
   (파티 주최자에게 하는 말) 친구 데려가도 괜찮을까?

4. Do you mind grabbing our order when it's ready?
   (전화를 받으러 나가면서 카페에 함께 있던 일행에게 하는 말) 주문한 것 나오면 좀 가져다주시겠어요?

5 I'm moving out this Friday. Would you **mind** giving me a hand?
이번 금요일에 이사를 가거든요. 미안한데 좀 도와주실 수 있을까요?

SMALL TALK

1

🧑 Shall we go in for a drink?
잠깐 카페 들어가서 뭐 좀 마실까?

👩 I wouldn't **mind** a coffee.
커피 정도는 괜찮아.

2

🧑 I'm thinking about buying a used car.
중고차 살까 생각 중이야.

👩 That's a good idea! I don't really **mind** if it's used.
좋은 생각이야! 나는 중고여도 별로 신경 안 써.

🧑 Yeah, as long as it's in good condition, right?
그래, 상태만 좋으면, 그렇지?

👩 Exactly! You can save a lot of money that way.
맞아! 그렇게 하면 돈도 많이 아낄 수 있잖아.

FURTHER STUDIES

오늘 학습한 mind를 if you don't mind의 형태로 문장의 맨 앞이나 마지막에 쓰면 '괜찮으면, 괜찮으시면' 정도에 해당하는 관용 표현이 됩니다.

- e.g. Please close the door on your way out, if you don't mind.
  괜찮으시면 나가는 길에 문 좀 닫아 주세요.
- e.g. If you don't mind, I'll take the last piece of cake.
  괜찮으면 내가 마지막 남은 케이크 한 조각 먹을게.

mind는 '조심하다, 주의하다'라는 의미로도 자주 사용되는데, 런던의 지하철 승강장에는 "MIND THE GAP"이라고 적혀 있는 것을 볼 수 있습니다. 승강장과 열차 사이의 '틈'을 조심하라는 의미입니다. **Stand clear of the doors, please.**(출입문에서 물러서 주십시오.)와 **This train is now ready to depart.**(이 열차는 곧 출발합니다.) 같은 표현도 함께 알아 둡시다.

마지막으로 다음 두 예문을 통해 mind를 완전히 익히시기 바랍니다.

- e.g. Hey, Dan! I'm in your neighborhood, and I have about an hour until my next appointment. Do you mind if I come over and chill?
  안녕, 댄! 지금 너희 동네에 있는데 다음 약속까지 한 시간 정도 남았거든. 너희 집에 들러서 좀 놀다 가도 될까?
- e.g. Most Jazz was such a chill little bar. I could go there and listen to music for hours, and they didn't even mind if I brought in outside food. It's a shame they closed down.
  모스트 재즈는 아늑하고 조그만 바였다. 가서 몇 시간이나 음악을 들을 수 있었고, 외부 음식을 가져와도 뭐라고 하지 않았다. 이 바가 문을 닫아서 너무 아쉽다.

DAY | 90 BOOK

I booked us a room at The Shilla Seoul for our anniversary.

우리 결혼기념일을 맞아서 서울신라호텔에 방을 예약했어요.

김재우의 영어관찰일기

동사 book은 「book + 목적어」(3형식)와 「book + 간접목적어 + 직접목적어」(4형식)로 쓰여 '예약하다'라는 의미를 지닙니다. 식당의 자리, 호텔과 같은 머물 곳, 비행기 등을 예약하는 상황에서 자주 쓰입니다. 대표 문장은 결혼기념일을 맞아 고급 호텔을 예약했다는 말로, 4형식 문형으로 쓰였습니다. 이렇듯, book은 3형식뿐만 아니라 4형식으로도 매우 자주 쓰인다는 점을 꼭 기억하면서, 이제부터는 reserve나 make a reservation 외에 book도 적극적으로 활용할 수 있어야 하겠습니다.

MODEL EXAMPLES

1. I want to book a room at the new hotel downtown.
   시내에 새로 생긴 호텔에 방을 예약하고 싶어요.

2. I tried to book a table at Monk, but there weren't any available.
   (교토에 있는) '몽크'라는 식당을 예약하려고 했는데, 다 찼어요.

3. I had so much fun. I've booked a flight to go back.
   (샌디에이고 여행을 마치면서) 너무 재미있었어요. 귀국하는 비행기는 예약했어요.

4. Could you book an evening flight for me, if possible?
   가능하다면 저녁 비행기로 예약해 줄 수 있어요?

5 I **booked** us dinner reservations for tonight.
오늘 밤 우리 둘 저녁 식사 예약했어.

SMALL TALK

1

Your contract is up next month. What day would you like to fly home?
(어학원 인사 담당자가 원어민 강사에게) 다음 달에 계약이 종료되는군요. 집에 어느 날짜로 돌아가고 싶어요?

Yes, could you **book** me a flight home on the 15th?
네, 15일에 집에 가는 비행편을 예약해 주실 수 있을까요?

2

If I give you the money, can you **book** a table at this restaurant for me? I can't use the app.
내가 돈 줄 테니까, 이 식당 예약해 줄 수 있어? 내가 앱을 쓸 수가 없어서.

Sure, but why?
물론이지, 근데 왜?

I cancelled a reservation last month, and now the app is blocking me until I pay 150,000 won.
지난달에 예약을 취소했는데, 15만 원 낼 때까지는 앱에서 이용을 막고 있어.

What? That doesn't sound reasonable.
뭐라고? 말도 안 돼.

FURTHER STUDIES

오늘 대표 문장인 **I booked us a room at The Shilla Seoul for our anniversary.** (우리 결혼기념일을 맞아서 서울신라호텔에 방을 예약했어요.)는 **book**이 4형식으로 쓰인 것입니다. 이와 관련하여 4형식 구문에 대해 학습하겠습니다. 4형식 구문은 「**동사 + 간접목적어 + 직접목적어**」의 형태를 띠며, 흔히 알고 있는 「**give + 사람 + 사물**」이 대표적입니다. 영어 동사 중에는 이렇게 4형식 형태로 쓰이는 종류가 무수히 많은데요, 오늘은 **offer, hand, grab, find, lend, get, email** 동사들을 예문들을 통해 살펴보겠습니다.

- e.g. Can I **offer** you anything to drink?
  마실 것 좀 드릴까요?

- e.g. Could you **hand** me that stapler, please?
  저기 있는 스테이플러 좀 건네줄래?

- e.g. Do you mind **grabbing** me some coffee on your way?
  오는 길에 커피 좀 사다 주실 수 있나요?

- e.g. I can **find** you a cheap camera. Let me look.
  내가 저렴한 카메라 찾아 줄 수 있어. 한번 볼게.

- e.g. I can **lend** you some money.
  너에게 돈 빌려줄 수 있어.

- e.g. I'll go **get** you a coffee. You just take it easy.
  커피 한 잔 갖다줄게요. 앉아서 좀 쉬어요.

- e.g. I can **email** you the receipt if you'd prefer.
  원하시면 영수증을 이메일로 보내 드릴 수 있습니다.

DAY 91 SEEM

You always seem busy with something.

당신은 항상 뭔가 하느라 바쁜 것 같아요.

김재우의 영어관찰일기

동사 **seem**은 '~인 것 같다, ~인 듯하다'라는 뜻으로 **be동사**를 쓸 때와 비교해 말의 강도를 약하게 해 주는 역할을 합니다. **He is nice.**(그분 사람 좋아.)라는 문장과 **He seems nice.**(그분 사람 좋아 보여.)라는 문장에서 보듯 **be동사**는 단호하고 확정적인 어감인 데 반해 **seem**은 부드러운 어감을 줍니다. **seem**은 전반적인 상황, 시각, 촉각, 감각, 청각 등을 종합적으로 고려했을 때 '~인 것 같다, ~하게 보이다, ~인 듯하다'라는 의미를 지닌 동사라는 점을 꼭 기억합시다.

MODEL EXAMPLES

1. You **seem** so carefree.
   너 굉장히 속 편해 보인다.

2. This neighborhood **seems** safe.
   이 동네 안전해 보이네요.

3. Their strawberries **seemed** really fresh.
   그곳 딸기가 정말 신선해 보이더라고요.

4. My wife **seems** interested in buying a car.
   제 아내가 차를 사고 싶어 하는 눈치예요.

5 It doesn't **seem** that long.
(오랜만에 만난 친구에게 하는 말) 그렇게 오래 안 된 느낌인데.

SMALL TALK

🧑 My girlfriend hasn't returned my calls or texts for almost two weeks now.
여자 친구가 거의 2주째 전화나 문자에 답이 없어.

👩 Really? That **seems** weird.
정말? 그거 이상한 것 같아.

🧑 I really want to try that Korean barbecue place in Apgujeong.
압구정에 있는 그 고깃집 너무 가 보고 싶어.

👩 I've been trying to make a reservation there for a year.
일 년 동안 예약을 시도해 보고 있어.

🧑 Me, too. It **seems** hopeless.
나도. 근데 가망이 없는 듯.

👩 Maybe next year it won't be so trendy...
내년에는 인기가 좀 덜해지겠지….

FURTHER STUDIES

「seem+형용사」는 원어민들이 밥 먹듯이 사용하는 데 반해 한국 학습자들은 뜻만 어렴풋이 알고 있는 경우가 많습니다. 단순히 '~인 것 같다, ~인 것으로 보인다'라고만 암기해서는 절대로 seem을 입에 붙이기 힘듭니다. 그런 차원에서 좀 더 다양한 예문들을 통해서 심화 학습해 보겠습니다.

e.g. He **seems** nice, but I heard he's been out of work for six months. He doesn't **seem** like a good breadwinner*.
그 남자 사람은 좋아 보이지만 6개월째 놀고 있다더라고. 좋은 가장은 아닌 듯해.

*breadwinner: 생계비를 버는 사람, 가장

e.g. You **seem** a bit burned out. Why don't you ask for a couple of days off?
좀 지치신 것 같네요. 며칠 휴가를 달라고 하는 게 어때요?

e.g. He **seems** pretty laid-back*. When it comes to his work, though, he is as serious as it gets.
그 사람 상당히 느긋해 보이지. 근데 일에 관해서라면 그렇게 진지할 수가 없어.

*laid-back: 느긋한, 태평스러운

e.g. I like the size of this TV, but it doesn't **seem** large enough for our living room.
이 TV 크기는 마음에 드는데, 우리 거실에 놓기에는 크지 않은 것 같아. (우리 거실에 놓기에는 좀 작아 보여.)

e.g. I don't get why people wait in long lines for coffee. It **seems** too expensive.
사람들이 커피 마시려고 길게 줄을 선다는 게 이해가 안 돼. 너무 비싼 것 같은데.

e.g. The movie is three hours, but it doesn't **seem** that long.
그 영화 3시간짜리인데, (막상 보니) 그렇게 길지는 않은 듯해.

DAY | 92 BOTHER ①

It really bothers me when my laptop is slow.

노트북이 느려지면 정말 짜증이 나요.

김재우의 영어관찰일기

오늘 학습할 **bother**는 '~를 거슬리게 만들다, 신경 쓰이게 하다'라는 뜻으로, **annoy**, **irritate**, **bug** 등과 비슷한 의미를 지니는 동사입니다. 신체적인 불편함을 나타낼 경우 **My ankle still bothers me, especially when it rains.**(여전히 발목이 불편해. 특히 비올 때면 말이지.)와 같이 표현할 수 있습니다. MODEL EXAMPLES 5번에서 보듯 '~를 불편하게 하다, 불만족스럽게 하다'라는 의미로도 확대되어 사용됩니다. 예를 들어 누군가가 한 말이 계속 신경 쓰일 경우 **What she said still bothers me.**(그 여자가 한 말이 계속 마음에 걸려.)와 같은 문장을 만들 수 있습니다. bother를 잘 활용하면 마치 꽉 막혔던 말문이 뻥 뚫리는 듯한 경험을 하게 될 것입니다.

MODEL EXAMPLES

1. It really bothers me when people smoke while walking.
걸어가면서 담배를 피우는 사람들이 정말 거슬린다.

2. It bothers me when my wife walks around the house while brushing her teeth.
아내가 이를 닦으며 집안 여기저기를 걸어 다니면 거슬린다.

3. Don't let it bother you.
그 일로 너무 신경 쓰지 마.

4 **Something is bothering me about this lighting, but I'm not sure what.**
(사진작가가 촬영하며 하는 말) 이 조명에 뭔가 마음에 걸리는 게 있는데, 정확히 뭐 때문인지는 모르겠어요.

5 **Is there anything that bothers you about living in Seoul?**
서울에 살면서 불편한 점(불만족스러운 점)이 있을까요?

SMALL TALK

1

🧑 **I know you don't drink anymore, but is it OK if I order something?**
너 이제 술 안 마시는 거 아는데, 나는 술 시켜도 돼?

🧑 **Please go ahead. It doesn't bother me.**
그렇게 해. 난 상관없어.

2

🧑 **You seem a little off today. Is something bothering you?**
오늘 좀 안 좋아 보이네. 뭐 신경 쓰이는 일 있어?

🧑 **Yeah, I just can't seem to focus on anything.**
응, 도통 집중이 안 돼.

🧑 **Maybe you need a short break to clear your mind.**
머리도 식힐 겸 잠깐 쉬는 게 어때?

🧑 **That sounds like a good idea.**
좋은 생각 같아.

FURTHER STUDIES

SMALL TALK 1에서 나온 **It doesn't bother me.**와 한국 학습자들이 즐겨 쓰는 **I don't care.**의 차이점을 알아보겠습니다.

I don't care.는 상황에 대한 무관심, 무시 또는 A와 B의 선택지 중 아무거나 골라도 상관없다는 정도의 느낌을 주는 조금은 퉁명스러운 어감의 표현인 데 반해, **It doesn't bother me.**는 거슬리고, 신경 쓰이고, 짜증이 날 수 있는 상황임에도 크게 개의치(신경 쓰지) 않는 다는 의미로 **I don't care.**에 비해 조금은 점잖은 표현입니다. 따라서 **It doesn't bother me.**가 조금 더 예의 있게 들린다는 점을 꼭 기억합시다.

다음 대화를 통해 두 표현의 어감 차이를 확인해 보겠습니다.

e.g. A: Jeff said he doesn't like your idea.
　　　　제프가 네 제안 별로래.

　　　B: **I don't care.**
　　　　(제프가 어떻게 생각하든) 상관없어.

e.g. A: Do you mind if I play music while you work?
　　　　너 일하는 동안 음악 좀 틀어도 될까?

　　　B: **It doesn't bother me.**
　　　　괜찮아.

DAY 93 | BOTHER ②

He never bothers texting back.
그는 문자에 답장하는 법이 없어요.

김재우의 영어관찰일기

bother는 '신경 쓰다, 애를 쓰다'라는 의미가 있으며, **bother -ing** 형태로 쓰면 '애를 써서 ~하다'라는 의미가 됩니다. 부정 명령문 **Don't bother** 또는 **Don't bother -ing** 형태로 쓰면 '그럴 필요 없어' 또는 '굳이 ~하느라 애쓸 필요 없어'라는 의미이며 '어차피 ~해 봐야 소용없다'는 뉘앙스를 띱니다. 「**주어(사람) + not[never] bother -ing**」의 형태로도 자주 쓰이는데, 이때는 '~는 애써서 …하지 않는다, ~는 절대 …하는 법이 없다'라는 의미가 됩니다.

MODEL EXAMPLES

1. Don't bother taking me home.
   굳이 나를 집에 데려다주지 않아도 돼.

2. Don't bother making me dinner.
   일부러 내게 저녁 차려 줄 필요 없어.

3. Don't bother trying to fix that old TV. It's dead.
   그 오래된 TV 고치려고 애쓰지 마. 완전히 고장 났어.

4. She didn't even bother saying goodbye.
   그녀는 작별 인사조차 하지 않았다.

5 Did you **bother** checking the expiration date?
(비난하듯) 유효 기간은 확인한 거니?

SMALL TALK

1

Here—let me try and fix it.
잠깐만, 내가 한번 고쳐 볼게.

No, don't **bother**. I wanted a new phone anyway.
아니야, 놔둬. 어차피 새 핸드폰 사려고 했거든.

2

Sorry, Mom. It looks like the restaurant is closed today.
엄마, 미안해요. 식당이 오늘 문 닫은 거 같아요.

You didn't **bother** checking to see if they're open on Sundays?
일요일에 문 여는지 확인을 안 해 본 거니?

Of course I did. Their website is wrong.
당연히 했어요. 거기 웹사이트 정보가 잘못됐어요.

That's OK. I know a good place not far from here.
괜찮아. 여기서 멀지 않은 괜찮은 곳을 알아.

FURTHER STUDIES

오늘은 '사물의 의인화 및 사물 주어'에 대해 학습하겠습니다. 한국어도 마찬가지지만 영어에는 사물을 사람처럼 의인화한 표현이 매우 많습니다. MODEL EXAMPLES 3번 문장에서 '물건(컴퓨터, 기계 등)이 죽었다(완전히 고장 났다)'고 표현하는 것이 바로 이런 경우에 해당합니다. 이와 비슷한 맥락에서 **My phone died.**(내 핸드폰 배터리가 나가서 꺼졌어.)라는 문장도 자주 쓰입니다.

다음은 사물을 의인화해서 표현한 다양한 예문들입니다.

- e.g. **The computer** refuses to turn on.
  컴퓨터가 안 켜지네. (고집부리는 사람처럼 사물을 의인화)

- e.g. **The door** wouldn't open.
  문이 안 열려. (의지를 가진 사람처럼 사물을 의인화)

- e.g. **Time** flew by so quickly during the trip.
  여행 중에는 시간이 너무 빨리 지나가더라. (시간의 의인화)

- e.g. We might go hiking tomorrow, if **the weather** permits.
  날씨가 허락하면 내일 등산 갈지도 몰라. (날씨의 의인화)

- e.g. **That spicy tteokbokki** isn't agreeing with me.
  저 매운 떡볶이는 내 입맛에는 안 맞아. (음식의 의인화)

- e.g. **Last year** saw a record high snowfall.
  지난해는 사상 최대 강설량을 기록했다. (특정 시기의 의인화)

- e.g. **This Joseon Era Temple** stood for 400 years before it was lost in a wildfire.
  이 조선 시대 사찰은 산불로 소실되기 전 400년간 자리를 지켰다. (서 있는 사람처럼 건축물을 의인화)

DAY | 94 SPARE

Can you spare a moment to help me with something?

잠깐 시간 내서 저 좀 도와주실 수 있나요?

김재우의 영어관찰일기

동사 **spare**는 '남는[여유가 있는] 시간이나 돈, 공간 등을 ~을 위해 할애하다'라는 의미입니다. "잠깐 시간 되나요?"라고 할 때는 **Can you spare a minute?**라고 하는데, 이때의 **spare**가 '여유 시간을 할애하다'라는 의미로 사용된 것입니다. 약속이 있을 때 미리 가서 기다리는 것 역시 **spare**를 써서 **When I'm meeting someone, I like to arrive with plenty of time to spare.**(나는 누군가를 만날 때면 충분히 여유 있게 일찍 약속 장소에 도착하는 편이다.)로 표현할 수 있습니다.

MODEL EXAMPLES

1. Can you **spare** a pen? I lost mine.
   펜 남는 것 있으면 하나 빌려줄래? 내 펜을 잃어버렸어.

2. I wish I could **spare** more time for my hobbies.
   취미에 좀 더 많은 시간을 할애할 수 있으면 좋으련만.

3. We only have five minutes to **spare**.
   우리에겐 남는 시간이 5분밖에 없어.

4. I'm busy today, but I can **spare** an hour tomorrow.
   오늘은 바쁘지만, 내일은 한 시간 정도는 시간 낼 수 있어.

5 We finished the project with two weeks to spare.
우리는 프로젝트를 2주 여유 있게 마무리했다.

SMALL TALK

1

- Hey, Dave, can you spare me a minute? I need to talk with you.
  이봐요, 데이브, 1분만 시간 내 줄 수 있나요? 이야기 좀 할 게 있어요.

- Sure, but please keep it quick. I have a meeting in five minutes.
  물론이죠. 근데 짧게 해 주세요. 5분 뒤에 회의가 있거든요.

2

- Daniel, why are you always here so early?
  다니엘, 왜 항상 이렇게 일찍 와요?

- I always like to arrive with plenty of time to spare.
  늘 여유 있게 사무실 도착하는 게 좋아서요.

- Yeah, but it doesn't mean you can leave earlier.
  네, 그렇다고 해도 일찍 퇴근할 수 있는 것도 아니잖아요.

- That's true. My days at the office are pretty long sometimes.
  맞아요. 사무실에서 보내는 시간이 꽤 긴 날도 있어요.

FURTHER STUDIES

오늘은 **spare**가 '시간, 돈, 공간 등을 할애하다'의 의미로 쓰이는 구체적 상황들을 좀 더 살펴보고, 추가적으로 그 외의 의미로는 어떤 것이 있는지 확인해 보겠습니다.

다음 주에 일주일간 서울을 방문할 예정인 미국인 친구 제프에게는 다음과 같이 말할 수 있습니다.

- e.g. We can **spare** a room for you if you need a place to stay.
  머물 곳이 필요하면 방 하나 내줄 수 있어.

지정 좌석제가 아닌 콘서트장에서는 다음과 같이 말할 수도 있습니다.

- e.g. Could you **spare** a seat for my friend?
  제 친구가 앉게 그 자리 비워 두실 수 있을까요?

spare에는 '(불쾌한 일을) 모면하게[겪지 않아도 되게] 하다'라는 의미도 있습니다. 예를 들어, 상대방이 듣기 거북한 것을 너무 자세히 설명하려 할 때에는 다음과 같이 말할 수 있습니다.

- e.g. Please **spare** me the details… I don't need to hear everything.
  너무 자세하게 말 안 해도 돼요…. (안 좋은 내용을) 다 들을 필요는 없을 듯해서요.

DAY | 95 RUIN

Don't eat candy before dinner! You'll ruin your appetite!

저녁 먹기 전에 사탕 먹지 말아요! 입맛 없어져요!

김재우의 영어관찰일기

동사 **ruin**에는 '~을 파괴하다, 파멸시키다, 폐허로 만들다'라는 의미가 있지만, 오늘은 일상 대화에서 '망치다, 엉망으로 만들다'라는 의미로 쓰이는 경우에 집중해 살펴보겠습니다. 일전에 한 원어민이 **They add too much ice in Korean cafés. It kind of ruins the flavor.**(한국 카페는 얼음을 너무 많이 넣어요. 이게 좀 음료 맛을 망쳐요.)라고 한 적이 있습니다. 바로 이런 상황에서 원어민들이 **ruin**을 아주 자주 쓴답니다.

MODEL EXAMPLES

1. The rain **ruined** our plans.
   비 때문에 우리 계획이 엉망이 되었다.

2. His bad attitude **ruined** the whole trip.
   그 친구의 못된 태도 때문에 여행 전체를 망쳤다.

3. Don't let one rude person **ruin** your whole day. Just ignore him.
   무례한 한 사람 때문에 하루를 망치면 안 되지. 그냥 무시해 버려.

4. I can't believe you **ruined** a perfectly good steak by ordering it well-done.
   아니 그걸 웰던으로 시켜서 완벽한 스테이크를 망치다니, 말도 안 돼.

5 My mother-in-law likes to **ruin** the mood by arguing with her husband about every little thing.
우리 장모님은 사소한 일마다 장인어른과 말다툼을 해서 자주 분위기를 망친다.

SMALL TALK

🧑 I got a flat tire on my way to work. Car problems always **ruin** my day.
출근길에 타이어가 펑크 났어. 차에 문제가 생기면 늘 하루가 엉망이 돼.

👨 That's the worst. At least you weren't late to work. That's impressive.
최악이다. 그래도 최소한 회사에 지각은 안 했잖아. 대단한걸.

🧑 Jenny just asked me what I'm doing this Saturday.
제니가 아까 이번 토요일에 뭐 하냐고 묻더라.

👨 Tell her you're busy.
바쁘다고 해.

🧑 That's too mean! She'll think I forgot her birthday.
그건 너무하잖아! 그러면 자기 생일 잊어버렸다고 생각할 거야.

👨 Yeah, but you can't **ruin** the surprise. You have to lie to her.
그렇지, 그래도 깜짝 파티를 망칠 순 없어. 거짓말을 하는 수밖에.

FURTHER STUDIES

오늘은 SMALL TALK 2에 나온 문장인 **You can't ruin the surprise.**에서 쓰인 **can't**의 용법에 대해 공부하겠습니다. **can't**는 '~할 수 없다'라는 '능력'을 나타내는 의미로 많이 사용되지만, 위의 문장에서는 '금지' 또는 '강한 충고'를 나타내는 의미로 쓰였습니다.

강한 충고나 조언을 할 때, 사회나 집단의 규칙이나 관행 또는 상식의 범위에서 '절대 그렇게 해서는 안 된다, 그러면 곤란하다, 상식/예의에 어긋난다'라고 할 때 **can't**를 사용합니다. 이럴 때의 **can't**는 **shouldn't**보다 더 강한 어감이라는 점도 꼭 기억해야 합니다.

다양한 예문을 통해 확실히 익히도록 합시다.

- e.g. You **can't** just leave without saying goodbye.
  인사도 없이 가 버리는 건 예의가 아니야.

- e.g. You **can't** tell anyone about this.
  이거 다른 사람한테 절대 이야기하면 안 돼.

- e.g. You **can't** treat people like that!
  사람들을 그런 식으로 대하면 안 되지!

- e.g. You **can't** park here.
  여기 주차 금지 구역이잖아.

마지막으로 다음과 같이 하나의 문장으로 굳어진 표현도 자주 쓰이니 기억해 둡시다.

- e.g. You **can't** be serious!
  진심은 아니겠지! (그냥 하는 말이지?)

DAY | 96 OWE

I don't owe the bank anything.
은행 대출금 다 갚았어요.

김재우의 영어관찰일기

동사 owe의 기본적인 의미는 '누구에게 얼마를 빚지고 있다, 누구에게 얼마를 갚아야 한다'로 보통 「owe + 간접목적어 + 직접목적어」 형태로 쓰입니다. "나 그 친구한테 20달러 갚을 거 있어."라고 하려면 I owe him $20.라고 하면 됩니다. 하지만 단순히 돈 문제가 아니라 심리적·정신적으로 신세를 지고 있을 경우에도 동사 owe를 자주 씁니다. **Thanks for helping me move. I owe you big time!**(이사 도와줘서 고마워. 신세 많이 졌어!) 같은 문장에서 이를 확인할 수 있습니다. 대표 문장은 "은행 대출금을 다 갚아서 이제 갚을 것이 없어요."라는 말이며, **I'm debt-free now.**(이제는 빚이 없다.)라고 표현할 수도 있습니다.

MODEL EXAMPLES

1. How much do I owe you for dinner?
   (친구가 카드로 음식값을 결제한 상황) 저녁값 내가 너한테 얼마 주면 돼?

2. I still owe my parents a lot of money for my car.
   나는 아직 부모님께 내 차 때문에 많은 돈을 갚아야 한다.

3. That company owes us a lot of money.
   (미지급금이 많은 상황) 그 회사는 우리 회사에 줄 돈이 많다.

4. The school still owes me a refund for the class they cancelled.
   수업이 폐강됐는데, 학교에서 아직도 환불을 안 해 줬다.

5 Everyone **owes** me 22,000 won.
(여럿이서 돈을 나눠 내는 상황) 다들 나한테 2만 2천 원 보내 주면 돼.

SMALL TALK

1

🧑 I'll pay with my card.
내 신용 카드로 계산할게.

👦 OK, just let me know how much I **owe** you.
알았어, 내가 얼마 주면 되는지만 알려 줘.

2

🧑 I haven't filed taxes in years. Now I **owe** 9 million won.
몇 년간 세금 신고를 안 했어요. 이제 내야 될 돈이 9백만 원이에요.

👦 To the tax office? That sounds serious.
국세청에요? 심각하네요.

🧑 Yeah, they're threatening to seize my car and house.
네, 차랑 집을 압류하겠다고 합니다.

👦 You need to work out a payment plan before it's too late!
너무 늦기 전에 (분할) 납부 계획을 세워야겠네요!

FURTHER STUDIES

오늘은 동사 **owe**의 확장된 용례를 학습하겠습니다. 동사 **owe**에는 '~에게 …을 해야 할 의무가 있다'라는 의미도 있습니다. 즉, 금전적인 빚 외에 도덕적·감정적인 의무가 있다고 할 때도 **owe**를 씁니다. 따지고 보면 빌린 돈이든 마음의 빚이든 둘 다 갚아야 할 것이라는 점에서 본질적으로 같은 것이라고 할 수 있습니다.

다음은 두 친구의 대화로, 한 친구는 전날 자신의 무례한 행동에 대해 사과하려고 하지만, 정작 다른 친구는 그 행동에 대해 인지하지조차 못한 상황입니다.

- e.g. A: I think I **owe** you an apology for yesterday.
  어제 일에 대해 너한테 사과해야 할 것 같아.
  B: I don't even remember what happened yesterday…
  난 어제 무슨 일이 있었는지조차 기억이 안 나는데….

owe를 써서 '~에게 설명을 빚지고 있다, 설명할 의무가 있다'라고 말할 수도 있는데, 주로 「**owe** + 사람 + an explanation」의 형태를 취합니다. 다음은 이유도 밝히지 않고 남자 친구에게 결별 선언을 한 친구에게 하는 조언입니다.

- e.g. Don't you think you at least **owe** him an explanation?
  그 사람한테 최소한 설명은 해야 되지 않겠어?

마지막으로 '~는 …의 덕분이다'라고 할 때도 **owe**를 쓰는데, 이때는 「**owe** + 목적어(감사한 것) + to + 사람」과 같이 표현합니다.

- e.g. I **owe** much of my success to my grandparents, who raised me.
  제가 이렇게 성공한 것은 저를 키워 주신 조부모님 덕분입니다.

DAY | 97 QUIT

I quit caffeine for a week.
일주일 동안 카페인 끊었어요.

김재우의 영어관찰일기

동사 **quit**은 '자발적으로[완전히] 중단하다, 포기하다, ~을 떠나다'라는 의미를 가지고 있습니다. 직장, 취미, 활동, 상황 등이 목적어로 오는 경우가 많으며, **quit** 단독으로 쓰거나 「quit + 명사」 혹은 「quit + 동명사」의 형태로 쓰입니다. **She just quit.**(그녀는 얼마 전에 그만뒀어요.), **Why did you quit your internship?**(인턴은 왜 그만둔 거야?), **I finally quit eating junk food.**(나 드디어 정크푸드 끊었어.)와 같이 활용할 수 있습니다.

MODEL EXAMPLES

1. I will never **quit** learning English.
   영어 공부는 절대 포기하지 않을 거야.

2. She **quit** her job after one day.
   그녀는 하루 일하고 그만뒀다.

3. I played baseball in high school, but I **quit** after I hurt my shoulder.
   고등학교 때 야구를 했었는데, 어깨를 다치는 바람에 그만뒀다.

4. I wish I didn't **quit** piano as a kid.
   어릴 때 피아노 그만두지 말걸.

5. I wish he would **quit** complaining.
   그가 불평 좀 그만했으면.

SMALL TALK

1

🧑‍🦰 Thanks for lunch. Let me buy you a coffee.
점심 고마워. 커피는 내가 살게.

👨 I recently **quit** drinking coffee, but you can buy me a hot chocolate.
얼마 전에 커피 끊었는데, 대신 핫초코 사 주면 돼.

2

🧑‍🦰 Where's your part-timer today?
(단골 가게 매니저에게) 오늘 아르바이트생은 어디 있나요?

👨 She **quit** yesterday.
어제 그만뒀어요.

🧑‍🦰 Really? What happened?
정말요? 무슨 일이 있었는데요?

👨 I warned her about being late again, and she just decided to **quit**. Good riddance*.
또 지각을 해서 그러지 말라고 주의를 주었더니, 그만둬 버리더라고요. 속이 다 시원하네요.

*riddance: 귀찮은 것[일]을 쫓아 버림

FURTHER STUDIES

오늘은 SMALL TALK 2에서 소개한 **Where's your part-timer today?**에서 연상되는 고용 형태 관련 표현을 학습하겠습니다. '파트타임으로 일하다, 아르바이트하다'는 **work part-time**이라고 하며, **Right now, I work part-time at a café.**(지금은 카페에서 아르바이트하고 있어요.)처럼 표현할 수 있습니다. "아르바이트 두 개 해요."는 **I have two part-time jobs.**라고 합니다. 참고로 **a part-time worker**는 다소 어색하며, 자연스러운 표현은 **a part-timer**입니다. '정규직'은 **a full-time job**, "정규직으로 일해요."는 **I'm a full-time employee.**처럼 표현하며, "지금 정규직 구하고 있어요."는 **I'm looking for a full-time job at the moment.**라고 말합니다. "계약직으로 일하고 있어요."라고 하려면 **I'm a contract-based employee.**라고 하면 됩니다. 또, 6개월마다 이직하는 사람이 있다면 **She changes jobs every six months.**처럼 표현할 수 있습니다.

위의 표현 중 **part-time job**과 **change jobs**를 활용한 두 개의 대화문을 보겠습니다.

- e.g. A: What are you doing this summer, Minseung?
  민승아, 이번 여름에 뭐해?

  B: I just got a second **part-time job**, so I'll be working all summer.
  최근에 두 번째 알바를 구했어. 그래서 여름 내내 일할 거야.

  A: When do you usually work?
  보통 언제 일해?

  B: I work mornings at a bakery, and evenings at a convenience store.
  오전에는 빵집에서 일하고, 저녁에는 편의점에서 일해.

- e.g. A: I start a new job next Monday.
  다음 주 월요일에 새로운 일을 시작하게 됐어.

  B: You **change jobs** a lot. Are you sure this one's a good fit?
  일자리를 너무 자주 바꾸네. 이번 직장은 너랑 잘 맞는 게 확실한 거야?

DAY | 98 ARRANGE

I'll arrange for someone to pick you up.
사람을 보내서 데리러 가게 할게요.

김재우의 영어관찰일기

arrange는 문맥에 따라 두 가지 의미로 자주 사용됩니다. 첫 번째는 '(물리적으로 사물을) 정리하다, 배열하다'라는 뜻입니다. 예를 들어, **They arranged the chairs in a circle.**은 "그들이 의자를 원형으로 배치했어요."라는 의미입니다. 두 번째는 '(계획이나 일정, 탈것, 회의 등을) 준비하다, 처리하다'라는 의미입니다. 예를 들어, **Can you arrange a ride for me?**는 "제가 탈 차량을 마련해 줄 수 있나요?"라는 뜻입니다. 또한, 대표 문장과 같이 「arrange for + 사람 + to부정사」 형태로도 자주 쓰이며, '~가 …하도록 준비하다, 조치하다'라는 의미입니다.

MODEL EXAMPLES

1. We **arranged** the furniture in our new place all weekend.
   우리는 주말 내내 새로 이사 간 집 가구를 정리했다.

2. I **arranged** a payment plan with the bank.
   나는 은행과 대출 상환 계획을 협의했다.

3. I will **arrange** a meeting with John.
   존과의 미팅을 잡겠습니다.

4. Your accommodation will **be arranged** for you, as well.
   당신을 위해 숙박도 준비해 두겠습니다.

5 Korean interpreters **have been arranged** for our Korean-speaking guests.
한국어를 쓰는 고객들을 위해 한국어 통역사가 준비되었습니다.

SMALL TALK

- Can you help me **arrange** the tables and chairs for the meeting?
  회의를 위해 테이블과 의자 정리하는 거 좀 도와줄 수 있을까요?

- Sure. I'll be right there.
  물론이죠. 바로 갈게요.

- **Have** you **arranged** a car for Niceness yet?
  나이스네스 관계자들을 위한 차량은 이미 준비해 둔 거죠?

- Yes, the pickup and accommodations **have been arranged** and finalized.
  네, 차량과 숙소가 다 준비 완료되었어요.

- Great. Have you heard from Nishino yet?
  좋습니다. 니시노 씨한테는 연락 왔나요?

- Yes, I'm afraid he will be unable to attend.
  네, 니시노 씨는 참석이 어려울 것 같습니다.

FURTHER STUDIES

오늘 학습한 **arrange**는 **rearrange**(재조정하다, 바꾸다)라는 변형된 형태로도 자주 사용됩니다.

다음은 항공사에서 받은 메시지에 관한 내용입니다.

- e.g. My flight schedule **was rearranged**. They sent me an email last night.
  비행기 스케줄이 바뀌었어. 항공사에서 어젯밤에 메일이 왔어.

다음은 회의 일정이 변경되었다는 내용입니다.

- e.g. The meeting **was rearranged** for next Monday.
  회의가 다음 주 월요일로 변동되었습니다.

한편, **arrange**는 **That can (still) be arranged.**(아직 조정 가능합니다.)와 같이 굳어진 표현(수동태)으로도 많이 쓰입니다. 이 표현은 약속이나 스케줄을 잡고 싶지만 너무 촉박하게 연락을 한 상황에서 "아직 스케줄 잡는 것이 가능한가요?"라고 물어봤을 때 긍정의 답변으로 자주 사용됩니다. 다음 대화문을 통해 감을 익혀 보겠습니다.

- e.g. A: I know it's short notice, but could I possibly get a check-up for my dog tomorrow?
  촉박하게 연락 드린 건 압니다. 그런데 혹시 내일 제 강아지 건강 검진이 가능할까요?
  B: Yes, **that can be arranged**. We actually had a cancellation just before.
  네, 예약 가능합니다. 실은 방금 취소 건이 생겼거든요.

이렇듯 늦었을 거라고 생각하는 상대방에게 "아직 가능합니다."라고 알려 줄 때는 늘 이 표현을 쓴다는 점을 꼭 기억합시다.

DAY 99 | SKIP

I never skip leg day.
저는 하체 운동을 절대 거르지 않아요.

김재우의 영어관찰일기

skip은 일반적·정상적인 상황이라면 당연히 해야 할 것을 '건너뛰다, 생략하다'라는 의미를 지닌 동사입니다. 식사, 운동과 같이 매일 하는 루틴에서부터 결혼식이나 자기소개 등과 같이 통상적으로 해야 하는 행위를 건너뛸 때 자주 사용됩니다. 책을 읽거나 영화를 보다가 결말이 궁금해서 중간을 건너뛰는 것 역시 **skip**으로 표현할 수 있습니다.

MODEL EXAMPLES

1. I never skip dessert.
   난 디저트를 꼭 먹는다.

2. I decided to skip the gym today.
   오늘은 헬스장에 안 가기로 했다.

3. I think I'll skip dinner. I don't feel quite right today.
   저녁은 건너뛰어야 할 듯해. 오늘 몸이 좀 안 좋거든.

4. I had to skip my friend's party because I wasn't feeling well.
   몸이 안 좋아서 친구의 파티에 빠질 수밖에 없었다.

5. I was so curious that I just had to skip to the end.
   너무 궁금해서 중간을 건너뛰고 바로 결말 부분부터 봤다.

SMALL TALK

1

- Would you mind if we **skip** today's session?
  오늘 수업은 건너뛰어도 될까요?

- Yeah, that's OK with me.
  네, 저는 괜찮습니다.

2

- Are you going to visit your parents this holiday?
  이번 연휴 때 부모님 뵈러 갈 거니?

- I think I'll **skip** visiting this time. I've got too much work.
  이번에는 건너뛰어야 할 것 같아. 일이 너무 많아.

- Won't they be disappointed?
  실망하시지 않을까?

- Maybe, but I'll make it up to them next time.
  그럴지도. 하지만 다음에 만회해야지 뭐.

FURTHER STUDIES

오늘 학습한 **skip**은 보통 다음과 같이 세 가지 형태로 사용됩니다.

- skip + 명사
- skip + 동명사
- skip to + 명사

각 형태별 예문을 통해 정확히 이해하도록 합시다.

- e.g. James got in trouble for **skipping class** too often.
  제임스가 수업을 너무 자주 빼먹어서 곤경에 처했다.

- e.g. We should **skip watching** that movie. I've heard it's not very good.
  그 영화는 보지 말자. 별로라는 얘기를 들었거든.

- e.g. Let's **skip to the main point** instead of going over every little detail.
  세부 내용을 일일이 다 살펴보지 말고 요점으로 바로 넘어갑시다.

「**skip + 동명사**」를 활용한 다음 글을 통해 **skip**의 의미와 용법을 다시 한번 확인하도록 하겠습니다.

- e.g. I often struggle to fall asleep these days. One thing I've found that helps is some time at the sauna before bed. Last night, I was so exhausted that I decided to **skip going** to the sauna. It was another restless night and now I'm exhausted again.
  요즘 잠들기가 어려울 때가 잦다. 내가 알게 된 도움이 되는 한 가지 방법은 자기 전에 사우나에 가서 시간을 보내는 것이다. 어젯밤에는 너무 피곤해서 사우나 가는 걸 건너뛰기로 했다. 또 한 번의 잠 못 드는 밤이었고, 나는 또다시 너무 피곤하다.

SPOIL

DAY | 100

Don't spoil the movie! I haven't seen it yet.

영화 줄거리 말하지 말아요! 아직 안 봤단 말이에요.

김재우의 영어관찰일기

spoil은 다양한 의미와 용례를 가진 동사로, 문맥에 따라 다르게 해석됩니다. 오늘은 대표적인 네 가지 의미를 살펴보겠습니다. 먼저, 가장 흔하게 쓰이는 의미는 '~을 망치다, 엉망으로 만들다'입니다. 외부 요인으로 인해 계획이 무산되거나 좋은 분위기나 감정을 망칠 때 자주 사용됩니다. 두 번째 의미는 '사람을 지나치게 관대하게 대해 버릇없게 만들다'입니다. 특히 아이를 너무 응석받이로 키우거나, 과도한 대접으로 인해 눈만 높아지게 하는 경우에 해당합니다. 세 번째로는, '음식이 상하다, 못 먹게 되다'라는 뜻도 있습니다. 마지막으로, '가치나 기대감을 떨어뜨리다'라는 뜻이 있는데, 미리 말하거나 행동해서 어떤 것의 매력을 반감시키거나 깨뜨리는 상황에서 쓰입니다.

MODEL EXAMPLES

1. The rain spoiled our picnic plans.
   비가 와서 소풍 계획이 엉망이 되었다.

2. I am really spoiled when it comes to food.
   나는 음식에 관해서는 입이 매우 까다롭다. (좋은 것만 먹어서 웬만한 음식은 성에 안 찬다.)

3. If you don't refrigerate leftovers, they will spoil quickly.
   남은 음식을 냉장고에 넣어 두지 않으면 금방 상할 거야.

4 I don't want to spoil the ending. You should watch it yourself.
결말을 미리 말하고 싶지 않아. 네가 직접 봐.

5 I didn't want to spoil the surprise, so I just kept quiet.
깜짝 파티에 초를 치고 싶지는 않아서 그냥 입을 다물고 있었다.

SMALL TALK

1

How was your anniversary dinner last night, Jerry?
제리, 어젯밤 결혼기념일 저녁은 어땠어?

The food was good, but I spoiled the mood when I accidentally spilled hot coffee onto my lap.
음식은 맛있었는데, 내가 실수로 뜨거운 커피를 내 무릎에 쏟는 바람에 분위기를 망쳐 버렸어.

2

Hey, it seems like you are not really enjoying this wine.
너는 이 와인 별로인가 보다.

Yeah, you're right. I think I've been spoiled.
응, 좀 그래. 내 입이 너무 고급이 되었나 봐.

Oh, come on. You should get used to drinking cheaper wine.
아, 왜 그래. 좀 더 저렴한 와인 마시는 데도 적응을 해야지.

But sometimes it's nice to enjoy something a bit more special.
그래도 가끔씩은 좀 더 특별한 걸 즐기는 것도 좋잖아.

FURTHER STUDIES

대부분의 동사가 그러하듯 오늘 학습한 **spoil** 역시 자동사와 타동사로 모두 쓰입니다. 자동사의 의미로 쓸 때는 수동태로 표현할 수 없습니다. 다음 문장을 통해 확인해 보겠습니다.

- e.g. I need to use these vegetables before they spoil.
  상하기 전에 이 채소를 음식 만드는 데 써야겠어.

보통 외부 요인에 의해 음식이 상하다 보니 일부 학습자들의 경우 위와 같은 문장을 구사할 때 수동의 의미가 되도록 **they are[get] spoiled**로 표현하는 것을 볼 수 있습니다. 하지만 이는 문법적으로 틀린 표현으로 **spoil**은 '음식이 상하다'라는 의미의 자동사로 쓰입니다. 흔히 하게 되는 실수이니 주의해서 사용해야 합니다.

다음 두 예문을 통해서 이 점을 다시 한번 확실히 해 둡시다.

- e.g. The rice cake spoiled because of the hot weather.
  날씨가 더워서 떡이 상했다.
- e.g. We went on vacation for a week, and when we came back, all the vegetables had spoiled.
  일주일간 휴가를 갔다가 돌아와 보니 채소가 전부 다 상해 있었다.